Vera Hewener

AF237697

Zaubervolle Jahreszeiten
- Der Herbst -

Gedichte, Geschichten und
Gedanken zur Herbstzeit

Edition Calamus

Über das Buch

Was ist der Herbst? Korbfülle, Traubenmost, Vogelzug, Rauschzeit, Blätterfall, Festtage, die das Brauchtum pflegen und Feiertage, die uns innehalten lassen. Keine Jahreszeit prägt den Wandel so sehr wie der Herbst, keine Jahreszeit ist zugleich Reifen, Abschied, Anfang, Werden und die Hoffnung auf Wiederkehr. Das Buch folgt dem Herbstkalendarium mit Gedichten, Geschichten, Gedanken, dem Brauchtum und den jahreszeitlichen Erscheinungen der Natur.

Über die Autorin

Vera Hewener, geboren 1955 in Saarwellingen, veröffentlicht Lyrik und Prosa u. a. in Deutschland, Frankreich und der Schweiz. Einzelübersetzungen ins Französische und Ungarische liegen vor. Für ihr literarisches Werk erhielt sie mehrere Preise und Auszeichnungen, u.a. den Superpremio „Cultura Lombarda" vom Centro Europeo di Cultura Rom (I) 2001 und Superpremio „Mondo Culturale" 2002, den „Grand Prix Européen de Poésie" vom Centre Européen pour la Promotion des Arts et des Lettres Thionville (F) 2005, Goethepreis 2013, zuletzt Wilhelm Busch Preis 2017.

Pressesplitter

„.. Jedes Wort schillert und ruft ein Bild hervor. Vera Hewener baut aus dem, was sie sieht, kleine Wortkunstwerke, mit Rhythmik und viel Stabreim.. ." Beatrix Hoffmann 07.11.11, Saarbrücker Zeitung

„Vera Hewener versteht es, mit kräftigen Farben Bilder in unserem Kopf zu erzeugen, die jede Jahreszeit lebendig werden lassen. Es sind kleine Wortkunstwerke, die da für den Leser das Naturerleben plastisch darstellen." 08.01.2014, Heusweiler Wochenpost

„Anmutige, unverbrauchte Bilder, wie hier in "Aufwärmflug" findet Vera Hewener für das unaufhaltsame Werden und Vergehen der Natur, für dieses Wunder der ständigen Erneuerung und ganz besonders für den Duft und Blütenglanz des Frühlings.... Wenn Hewener von "blau büschelnden Hornveilchen" erzählt oder warnt "lass den März dich nicht anwintern", dann bestaunt man ihre Wortschöpfungen, ihre geschmeidigen Verse." SZ 07.06.2017

Vera Hewener

Zaubervolle Jahreszeiten
- Der Herbst -

Gedichte, Geschichten und
Gedanken zur Herbstzeit

Edition Calamus

Die Deutsche Bibliothek verzeichnet diese Publikation in der Deutschen Nationalbibliografie; detaillierte bibliografische Daten sind im Internet unter http://dnb.d-nb.de abrufbar.

Herstellung und Verlag:
BoD- Books on Demand
In de Tarpen 42
D- 22848 Norderstedt
ISBN 9783752842135
9,90 €

Beerengesang

„Wenn Dir ein Narr erzählt, dass die Seele mit dem Körper zusammen vergeht, und das, was einmal tot ist, niemals wiederkehrt, so sage ihm: Die Blume geht zugrunde, aber der Same bleibt zurück und liegt vor uns, geheimnisvoll wie die Ewigkeit des Lebens." Khalil Gibran

Vorherbst

Am Vortrag des Septembers weiß man nicht, ob es Spätsommer oder Frühherbst ist. Übergänge sind zuweilen verschwenderisch in der Vielfalt ihrer Farben und Empfindungen. In der Frühe schossen die Strahlen der Bewässerungsanlage wie Fontänen eines Springbrunnens in die Luft und nässten das Grün des Golfplatzes mit vortrefflichem Guss. Danach drang ein erdiger, modrig-feuchter Wiesengeruch vom Tal her in die umliegenden Gästehäuser ein, so dass es im Geiste schon wieder frühlingte.

Hier Frühling, dort Sommer und morgen Herbst. Was treibt einen mehr an als die Zwischenzeit, das scheinbar Stillstehende und doch unentwegt Ruhelose, denn es will werden, werden. Der Wandler Herbst schafft es so leicht wie die Blätter, uns in die veränderten Landschaften zu bugsieren. Ja, wir fragen nicht einmal danach, ob es vielleicht nicht immer so bleiben könnte, wie es gerade ist, das Wahre, Schöne, Gute. Wir gliedern uns wie selbstverständlich in den Kreislauf der Natur ein, schließen uns diesem an und dann auf für das Kommende.

Wie anders könnte es auch sein, wenn Gottes Schöpfung in unseren Köpfen Drachen steigen lässt, noch einmal in uns den Übermut der Kindheit wachruft, wo wir das Grenzenlose machbar dachten, das Formlose gestalten wollten nach unseren Vorstellungen? Wie überhaupt wir von der Vorstellung leben, dass jeder Herbst etwas zu Ende gehen lässt, bevor die Natur in den Winterschlaf fällt. Dabei ist gerade der Prozess dieser Wandlung ein Neuanfang, ein Nachdenken, Überdenken, Weiterdenken. Kann so am Ende das Ende einer Zeit stehen, die sich doch nie selbst beschließt, ein Kreislauf, der fortfährt, wieder und wieder?

So wie die Sonne am letzten Tag des Sommers – wenn man den Meteorologen folgen will, beginnt der Herbst bereits am ersten Septembertag - als zitronengelbe Glaskugel das Licht durch die Bäume wildert und wir dankbar die milde Wärme aufnehmen, die sie uns schmeichelnd schickt. Das Licht sendet uns viele Botschaften. In diesen Tagen legt es sich um uns wie ein zärtlicher Kokon, als wollte es sagen:

„Komm in meine Wärmestube,
ich will dich nähren
für die Reise
ins Reifende,
ins Wandelnde.
Ich bin das Licht,
die Wahrheit,
das Leben."

Die biblische Kraft heischt uns an. Ich sage: „So lass es
denn werden, Herbst und wenden." Dieweil mir der Wind
vorausschauend um die Ohren streift.

Wendekreis des Herbstes

Noch strahlen farbenkräftig Asternsterne,
an Mauern rötet sich der wilde Wein,
wo Licht ist, fallen graue Schatten ein,
die Sonne wärmt das Land aus weiter Ferne.

Auf kalten Feldern harren manche gerne,
die Drachenleine zerrt am Hosenbein.
Den Höhenflug bewundern Groß und Klein,
wenn Herbstwind zu dir spricht: „Das Fliegen lerne!"

Ein Bergfried blickt ins Tal vom hohen Turm;
wer kann im Stillen frische Quellen finden,
wer spendet Nahrung unter kahlen Linden?

Was heilt und bleibt zurück vom großen Sturm,
kannst du dich selbst nicht mehr an Festes binden?
Ein Buntspecht hackt sein Nest in harte Rinden.

Herbst

Im Laubschatten rote Beeren
nicht zu löschen Vogelnamen
auf den Blättern der Eberesche

Wandelhalle der Reife
wenn des Vorherbstes Süßzeit vergärt
wer schläft wenn späte Wärme
zum Gipfel drängt

kommen wird der Talgang
tiefere Zeiten
Stürme werden strömen hageln
schwerer wiegen die Speicher
bis unters Gebälk gefüllt

Alljährlich

Am Weichholz
schabt sich Blättergold rot
in den Höhen der Wolken Gedräng
presst aus den Regenguss
mildert Späthitze
reinigt Nadelspitzen

des Spätsommers Tauschgeld
streicht der Herbst ein
wenn er mit straffen Segeln
antreibt das Windgeschäft
wenn er mit dir feilscht
um Korbfülle und Traubenmost

Ziegelsteine lassen sich nicht beirren
sie halten am Dach fest
sommers wie winters

Sonnenspeicher

Die Sonnenuhr gibt dir
noch einmal Zeit
Lichtglut befeuert die Seele
treibt an deinen Pulsschlag
bis das Herz aus dem Leib klopft

oh ja
merk dir den Ton
du kannst ihn hören
wenn Farblosigkeit
dir an die Kehle greift

speichere die Wärme
du kannst sie spüren
wenn der Sonne Glanz
nicht mehr zum Abendessen taugt

fühle die Nähe
du kannst dich erinnern
wenn das Lachen
aus den Tagen verschwindet

die Sonnenuhr gibt dir
noch einmal Zeit

Sonnenaufgang

Von Halmen tropft der Tau der Nacht,
die Nebel streifen Beet und Weide.
Wenn Morgenrot die graue Fracht
belichtet, aufhellt, und entfacht
das Sonnengold der Blättertracht,
wiegt schon der Herbst die Heide.

Farbwechsel

Auf den Hügeln überschlagen sich
letzte Feuerwellen des Sonnenrads
brennen die Gräser
Felder dunsten aus

Heuschrecken hüpfen auf Heinzen
verstecken sich vor der Sonnenwende
in den Horsten zittern Halme blütenfrei

Im Wanderschuh wechselt das Land
Farbe Form Licht und Schatten
ich binde mir die Schnürsenkel
um im Holprigen den Stand
nicht zu verlieren

In der Ferne Schwarzwild
rottet sich zusammen
suhlt sich vor dem Frost
verschlammt Humus und Stämme

Es verlor die Scheu vor dem Tag
vor dem Schlaf der die Dörfer befällt
     nebeltrunken
         feuchtbefallen
            kaltgestellt

Beerengesang im Frühherbst

Die Fruchtdolden des Holunders färben sich schwarz, der Frühherbst beginnt. Die Phänologen sagen, die Reife der schwarzen Beeren ist die erste sogenannte Zeigerpflanze des Herbstanfangs. Über den Beeren flöten Vögel ihr Herbstlied. Für Amseln, Stare oder Mönchsgrasmücken sind Holunderbeeren ein herbstlicher Genuss. Beerengesang wurde übrigens nach alter Überlieferung der so häufige, nicht vollschmetternde, aber trotzdem noch ansprechende Herbstgesang mancher Vögel genannt. Den schwarzen Holunder mit dem Gattungsname Sambucus nigra nennt man im Südwesten Deutschlands und der Schweiz auch Holderbusch, im Bairisch-Österreichischen heißt er Holler und in Norddeutschland Flieder.

Einst galt der Hollerstrauch im Hausgarten als Lebensbaum. Er sollte vor schwarzer Magie, Hexen, Feuer und Blitzeinschlag schützen. Als Strauch kann er bis zu elf Meter hochwachsen, als Baum ist er kleiner und hat starke Verzweigungen. Häufig schleicht er sich ungebeten in den Garten ein. Ehe man sich versieht, hat er sich zwischen die Heckenbepflanzungen eingewildert und überwächst einfach alles.

Die Beeren sind eigentlich Steinfrüchte und enthalten reichlich Kalium und Vitamin C. Bei der Ernte sollte man darauf achten, dass der Saft nicht auf die Schürze spritzt. Der dunkelrote Saft lässt sich aus Textilien nur schwer herauswaschen. Wer gerne Holunderbeeren verarbeitet, sollte sie auf keinen Fall roh essen. Sie enthalten Sambunigrin, ein Pflanzengift aus der Gruppe der Glykoside, das bei der Spaltung des Moleküls Blausäure freisetzt. Erst nach dem Erhitzen ist Holunder für Menschen genießbar. Aus Holunder lassen sich kleine Köstlichkeiten herstellen wie zum Beispiel Holunderpfannkuchen, Fliederbeersuppe, Gelee, Mus, Holundersekt oder Obstbrand. Als Heilmittel wird er heute noch gegen Erkältung, Nieren- und Blasenleiden oder zur Stärkung von Herz und Kreislauf eingesetzt.

Im Frühherbst reifen auch Kornelkirschen, Weißdorn, Hundsrose und Brombeeren. Geerntet werden Zwiebeln, Gurken, Tomaten, Äpfel und Birnen. Die letzte Aussaat beginnt mit dem Winterraps. Nach der Birnenernte wird die Wintergerste bestellt. Auf den Äckern ragt der Mais in voller Höhe auf. In diesen Tagen verlässt die Rauchschwalbe unseren Kontinent.

Wer einen Nutzgarten hat, kann nun Fallobst auflesen, Wintergemüse wie Radieschen, Spinat oder Feldsalat aussäen und Rhabarber pflanzen. In den Wiesen sieht man den goldgelben Sonnenhut leuchten. Herbstanemonen blühen weiß, rosa oder weinrot. Farbenprächtig tritt die Königin des Herbstes, die Dahlie, auch Georgine genannt, im Gartenreich auf. Wer Astern liebt, kann sich an den rosa, roten, violetten, blauen oder weißen Strahlenblüten der Kissen-, Rauh- und Glattblattastern erfreuen.

Wenn die Zwetschgen geerntet werden, geht der Frühherbst zu Ende. Von 1981 bis 2010 dauerte er vom 28. August bis 29. September. Im Jahr 2017 begann er am 22. August (Fruchtreife schwarzer Holunder) und endete am 27. September (Apfel herbstlicher Blattfall).

❧

Beerengesang

Die dornige Hecke streckt ihre Beeren
sterbenden Tagen zum Trotz
gereift in den Nacken der Füchse

schwärzliches Blut fließt aus den Häuten
entlässt des Aromas süßes Bitter
färbt sich durch Schürzen und Röcke

eben noch Rose kratzt die Hagebut
am Zaun feurigen Herbstes
inmitten herben Holunders

mir aber bleibt diese Stille
das mattere Schmettern der Vögel
aus den Nestern grauen Gewölks

Vogelbeeren

Wenn auch der Beeren Rot
Schnäbel zum Picken zwingt
die auf den Boden
gefallenen Kerne
gehen ein in die Keimzeit

lies in den gefallenen Blättern
Landungsbrücken schlagen sie
septemberwärts mild

im Blauton rosarot
noch unberührt
von Wetterzornen

bald schenkt dir ein Zweig
schwärzliche Ruhe

der Vögel Singzeit
kehrt wieder

Waldgeister

Sphärenklänge wirren über den Wiesentempel
vertanzen Yin und Yang im Windspiel

Hortensien stecken weiße Tellerchen ineinander
verschütten sich im auslaufenden Sommer

Fichten gähnen im Spalier Efeu umschützt
ein Tongefäß lagert altes Olivenöl ab

auf simuliertem Waldweg schleichen Lemuren
Nachtfiguren flüstern

Mundpropaganda

Brombeeren in vollem Fruchtfleisch
hängen saftgesättigt
im Dornenstrauch

Dort wo der Hauch des Regens
Sonnenhitze kühlt
klirrt süßes Tropfen ins Gras
Beeren singen das Mittagslied

Vögel hüpfen im Freudentanz
trällern die Nachricht
von Schnabel zu Schnabel

Fruchtfall

Sonnenblumen braungebrannt
Rabenvolkes Ernteplatz
die Stürze der Futterreste

voller Äpfel die Bäume
wer erntet
trifft die Auswahl der Früchte

Goldrot wurzelt dich an
du denkst Heimat

füll deine Speicher
es kommen dunklere Tage

Erster Abschied

Es ist wahr, der September nimmt Platz im Kalender. Gleich in der Früh schwebte über den Wiesen ein schmaler, dichter Nebelstreifen durch die Dämmerung, daraus aufsteigend nieselnder Dunst, weiß, bleich, zerfasert. Von den Dingen, die man nicht lernen muss, sondern einfach weiß, ist die Gewissheit, dass nun andere Tage folgen, eine Aussicht, die man mit Zuversicht und Genugtuung zur Kenntnis nimmt. Auf die Natur ist eben Verlass! Das Herz spürt sogleich, woran es ist. Welche Ader auch zuerst in einem anschlägt, der Nebel ist in diesen Tagen wie ein Seismograph der Veränderungen, ein Vorhersager des Kommenden. Indes ein Wetterprophet ist er nicht immer.

Wenn die Sonne die Tautropfen sichtbar nachzeichnet und sie sich in der Wärme schließlich ausfunkeln und verdampfen, wenn die zarten Spinnfäden wie Perlenschnüre die Ritze der Mauern verschließen, trocknet es langsam wieder ab. Es wird einem warm ums Herz, sieht man die filigranen Spinnteppiche auffliegen und davon schweben, wie die Schirmmützen der Eselsdistel von der Luft abgehoben und verweht werden und der milde Wind uns noch einmal um die Nase streift.

Die Sonne steigt höher und mit ihr der Gesang der Vögel. Wie viele werden wohl bleiben und wie viele wiederkehren? Es ziept und fiept, ein Vogellied nach dem anderen wird noch einmal abgesungen, das Gurren der Tauben in den Ästen hallt, es raschelt und klopft. Wie werde ich sie vermissen, diese bewegten Morgenstunden, die, mit prallem Leben angefüllt, mich aus den Träumen reißen, aus meiner Schläfrigkeit, meiner traumbewegten Trunkenheit.

Der erste Abschied kündigt sich in diesem Jahr so sanft wie möglich an. Die letzte Schönwetterperiode im September, die man Altweibersommer nennt, lässt nicht nur Spinnen weben. Der Morgen webt ebenso unablässig neue Farben ins Licht, in den Tag, der sein Hellblau freigibt wie Ampeln ihr Grün.

Vorahnung

Inmitten Farben flutenden Laubs
stell ich Fässer auf

im Tollhaus der Ernte
versüßt Herbst seine Zügel mit Most
erinnert vor dem Frost
an den Abgang der Frucht

dass die sommermüden Vögel
vor dem Südflug
Schatten schwärmen
im falben Licht

gelöst aus den Zwängen des Glanzes
geh ich ihnen nach
mit schläfrigen Augen
einsame Zweige
halten die Tür auf

Sonnenwende

Auf dass es hell wird
gähnt die Nacht
auf dass es scheint
hallt der Mond
auf dass es leuchtet
seufzen die Sterne

doch die Sonne die am Vorabend
noch zeterte wechselte die Seiten
und lies die Vorredner
im Dunkeln stehn

Herbststurm

Der Äpfel Herbgeruch
und das glutvolle Rad
am Blaurand

was rollt auf dich zu
dass dein Aug blinzelt

Heuballen dunsten aus
als ob die Hölle Feuer spuckt

Dohlen tänzeln
die Hitze des Stoppelfelds
unter den Sohlen

warum noch fragen
wenn Stürme
sich über dir ausschütten

wer soll dir antworten
wenn der Hagel klopft

such dir ein Dach
lass es nicht schwach sein

Regenfrucht

Den brüchigen Spuren der Winde
im strohgelben Korn enteilen die Krähen
zackige Form Futtersuchender

zeichnet mit Dunstverdrängung
im nachgewittrigen feuchtgesichtigen
Nebelhorn Bilder wilder Gier

Der Spinnenkuss vor dem Tod
der Nachtigall die liedlos verflogen
die Stunde der Gärten Blühlust versäumt

geneigte Köpfe geräumter Beete
schleifen den Boden blank
mit goldenem Blätterblust

vom Baum fällt der Apfel
ins Polster des Niederschlags
wo der Wurm das sichere Gehäuse verlässt
zum Gefallen hungriger Schnäbel

Das Wandern der Tage
treibt die Zeit voran
Wenn deine Stiefel
Löcher tragen
beginnt das Zerreißen

Fruchträuber

Rote Beerenbüschel
warf die Eberesche ins Land,

Drosseln riefen den Notstand aus,
noch nicht geöffnet die Vorratskammern.

Fruchträuber strichen umher
den Speisesack im Gepäck.

Die Kerne entfernte
das raue Gebläse des Sturms.

Mäuse verscharrten den Rest.

Erntezeit

Im Brombeerbusch, im Brombeerbusch,
da raschelt laut das Husch, Husch, Husch.
Dort scharrt ein Fuchs im Raubewuchs
die Hagebutt' ab, flugs, flugs, flugs.

Ein Eichhörnchen zerwühlt am Saum
vom Walnussbaum den Blätterflaum,
zieht Furchen, Ritze, fix, fix, fix,
vergräbt den Vorrats-Früchtemix.

Und aus dem Apfelschalenrest
macht sich die Maus ein Erntefest.
Ach ja, was dann noch übrig bleibt,
ist für die Katz, die sich rumtreibt.

Unwetter

Wolken wallen durch die Tage,
Blitze funken den Ernst der Lage,
Donner grollen sich aus.

Bist im Gewitter du eingeschlossen,
denk daran, Hagelkörner schon schossen
durch manches Haus.

Zähl die Schäden des Sommers hinzu,
bleibt dir nur eins: warte in Ruh,
bis der Winter eingekehrt.

Am lodernden Feuer wärme dich richtig,
für den Frühling ist eines nur wichtig,
dass die Samen unversehrt.

ᘓ

Übertritt

Der Morgen flammt sich durch den Fels,
Steinadler hämmern auf den Graten,
sie turnen wild wie Akrobaten,
ungeachtet des Appels

des Nebels. Er marschiert mit starkem Schritt
durch die Landschaft in die Städte,
sorgt für erste Straßenglätte,
ist des Herbstes Übertritt.

Kleine Welten werden kleiner
Dunst steigt auf, die Luft wird dünn,
Langsamkeit ein Zeitgewinn,
bis die Sicht am Himmel reiner.

Medeas Verjüngungselexir

Bald öffnen die Herbstzeitlosen ihre Blüten. Sie ähnelt in ihren Blüten dem Krokus und in ihren Blättern der Tulpe. Die typisch hellvioletten oder hellrosa gefärbten Blüten erscheinen im Herbst, die Blätter zusammen mit den Früchten erst im Frühjahr. Weil sie die Jahreszeiten verdreht, hieß sie im Mittelalter auch „Filius ante patrem", d.h. Sohn, der vor dem Vater kommt. Auch heute wird sie noch „Zeitlose" oder nackte Jungfer genannt. Sie ist ebenfalls ein untrügliches Zeichen für den Herbstbeginn. Der schwedische Botaniker Carl von Linné gab 1793 in seinem Buch „Species Plantarum" der Pflanze ihren Namen Colchicum autumnale. Er beschrieb darin über 7300 Pflanzen und ordnete ihnen Namen nach Gattung und Art zu. Es war das erste umfassende Werk der Botanik.

Der Gattungsname der Herbstzeitlosen leitet sich von der Landschaft Kolchis am Schwarzen Meer ab, dem heutigen Georgien. Dort soll die Zauberin und Giftmischerin Medea neun Nächte lang Kräuter gesammelt haben, um für Äson daraus eine Verjüngungskur zusammen zu brauen. Einige Tropfen der Essenz sollen auf den Boden gefallen sein. Daraus erwuchs die giftige Herbstzeitlose.

Die alten Griechen hielten das Kraut für so giftig, dass sie es „Ephemeron" nannten, was frei übersetzt etwa bedeutet: ein Kraut, das an einem Tag den Tod herbeiführt. Blätter, Blüten und Knollen der Herbstzeitlosen enthalten das sehr giftige Alkaloid Colchicin, das sogenannte pflanzliche Arsen, das heute noch in Medikamenten gegen Rheuma und Gicht eine Rolle spielt.

Sehr lange ist die Herbstzeitlose als Mord- und Selbstmordmittel benutzt worden. Colchicin bewirkt, dass bei der Zellteilung nicht funktionsfähige Zellen entstehen, weil ihnen der Zellkern fehlt. Sie sterben ab. Die Einnahme von Colchicin führt zu Vergiftungserscheinungen. Ab 0,8 mg Colchicin pro Kilogramm Körpergewicht führt dies bei Erwachsenen zum Tod. Medikamente, die Colchicin enthalten, sind verschreibungspflichtig. Bei Verdacht auf Vergiftung sollte man unbedingt ärztliche Hilfe holen. 2010 war die Herbstzeitlose die Giftpflanze des Jahres.

Die Herbstzeitlose wird auch Spinnblume genannt. Dieser Name kommt von der alten Sitte, dass man die ersten Blüten zwischen den Händen zerrieb, damit diese bei der winterlichen Beschäftigung des Spinnens nicht wund wurden. Aus dem Schwäbischen stammt der Volksglaube, die Herbstzeitlose sei die Spinnerin der dahinfliegenden weißen Spinnfäden im Spätsommer bzw. Altweibersommer. Im Züricher Oberland bestrichen die Mädchen mit der „Lichtblume" die Augenlider, um bei der Arbeit an den bevorstehenden Winterabenden wach und heiter zu bleiben.

Die Herbstzeitlose steht für sehr viele Mythen und Sagen. Sie ist auch eine Zauberblume der Hexenmeister. Sie hat übrigens noch ganz viele andere Namen, wie zum Beispiel: Hennegift, Herbstblume, Herbstlilie, Hundsblume, Hundshoden, Hundsknofel, Kuhditzen, Kuheuter, Läuseblume, Leichenblume, Michelsblume, Michelwurz, Nacktarsch, Nackte Hur, Nackte Jungfer, Nackthure, Ochsenpinsel, Teufelswurz, Wiesenlilie, Wiesensafran, Wilde Zwiebel, Winterhauch, Zeitlose.

ຂໍ

Herbstzeitlose

Ach Herbstzeitlose,
welch Lila leuchtet im Hang!
Wem folgst du, wenn des Nordwinds Getose
durch das Horn der Gräser drang,
wenn das letzte Blatt nur noch lose
am Zweig mit diesem Stürmen rang?

Doch standhaft bist du,
bis zuletzt trägst du dein farbiges Kleid,
hast zwischen Dahlie, Aster, und Rose
dich in die Gärten gereiht.

Die Blätter weinen

Die Blätter weinen, grämen sich zur Erde,
sie fallen, trocken, müd, in kaltes Gras.
Dass keinem von dem Fallen schaurig werde,
zersplittern sie am Boden hart wie Glas.

Und alle Scherben stiebt der Wind als Wirbel
in hohem Bogen durch die Einsamkeiten.
Kein Vogel folgt, verfängt sich in dem Zwirbel,
sie hoben längst schon ab in ferne Weiten.

Und fällt dein Blick herab auf welke Blumen,
flunkert sie noch, die stolze Herbstzeitlose.
Sammle der Blüten letzte Farbenkrumen,
verteil sie sorgsam in das Grün der Moose.

☙

Wechselfall

Von Weitem
dunstet die Nebeleinsamkeit
wechselnde Lichtblicke.

Ich hab die Lampe gehalten,
den Scheffel abgezogen.

Ein Wolkenbogen spannte sich
von Straße zu Straße.

Leergeräumt hüstelt Gartenlorbeer,
die Amsel verkroch sich unters Gebüsch.

„Komm", ruft ein Kranich,
„flieg dir den Herbst von der Seele,
gleich hinter dem Horizont
dreht sich die Erde."

Verdunklung

Graue Verdunklung trübt den frühen Herbst,
Dämmerungsschatten werfe ihre Netze
über Häuser. Was du von späten Rosen erbst
verbleibt dir bald als Hagebuttenschätze.

Die Schatten wandern, wenn der Nordwind bläst,
sie wühlen in den Köpfen, schärfen Blicke.
Wo Fuchs und Reh im kühlen Forst geäst,
flackert das Mondlicht im Geläuf der Ricke.

Kein Traum die Zeit entwirrt, kein Lächeln,
nebliges Gähnen wie die stumme Leere
verlass'ner Häuser, ein letztes Sehnen, ein Hecheln
nach Vertrautem, nach Nähe, ein Verzehren.

So viel Verdunklung, in der sich Schatten bündeln
in der späten Stunde zur geschloss'nen Wand.
Wenn Sonnenfunken wie die Blitze zündeln,
stirbt die Nacht als morgendlicher Feuerbrand.

☾

Tagundnachtgleiche

Tag und Nacht
Nacht und Tag
Licht und Schatten
Schatten und Licht

Zeitenwende
Umkehr der Kräfte
nach einem Moment
der Gleichheit
Herbstbeginn

Kalenderblatt September

Im September verabschiedet sich der Sommer. Der althochdeutsche Name „Scheiding" verrät es uns. Die Sonne wandert zum Südpol, dort beginnt der Frühling. Ende des Monats geht die Sonne auf der Nordhalbkugel eine Stunde früher unter. Der September beginnt mit dem gleichen Wochentag wie der Dezember.

Am ersten September ist Ägidius, ein katholischer Gedenktag. Ägidius ist einer der 14 Nothelfer und Patron der Städte Nürnberg, Osnabrück, Braunschweig, Graz und bis 1675 der Steiermark. Vereinzelt finden in Oberbayern und Südtirol noch Prozessionen statt. Der Almabtrieb beginnt, Viehmärkte werden abgehalten.

Am 8. September ist Mariä Geburt. Da die Schwalben an Mariä Geburt fortfliegen und um Mariä Verkündigung wiederkommen, werden sie auch Muttergottesvögel genannt. Am 12. September ist Mariä Namenstag. Wenn die Tage noch warm sind, die Nächte aber deutlich abkühlen, wendet sich die Witterung. Finden wir Spinnfäden auf Wiesen, in Mauerritzen oder unter den Dächern vor, haben wir Altweibersommer, ein stabiles Hochdruckgebiet, das uns noch einmal, meist im letzten Septemberdrittel, eine Schönwetterperiode bringt.

Der Altweibersommer wird auch Flug- oder Frauensommer genannt. „Weiben" stammt aus dem Althochdeutschen und steht für spinnen. Früher glaubten Christen, die Silberfäden fielen aus dem Mantel Marias, den sie bei ihrer Himmelfahrt trug. Im Volksmund heißen diese Spinnfäden daher auch „Marienfäden", „Marienseide", „Marienhaar" oder „Unserer Lieben Frauen Gespinst". Dabei handelt es sich jedoch um Spinnfäden, auf denen Wolfs-, Baldachin- oder Zwergspinnen auf die Reise gehen. Dies geschieht nur bei Windstille, wenn der Boden warm genug ist, um die Thermik für den Aufstieg in höhere Luftschichten zu bilden.

Der Begriff Altweibersommer ist nicht unumstritten. 1989 klagte eine 77 Jahre alte Darmstädterin gegen die Bezeichnung. Sie fühlte sich von dem viel benutzten Wort gleich zweifach diskriminiert. Zum einen werde sie als Frau und zum anderen wegen ihres Alters herabgesetzt, argumentierte die Klägerin und zog gegen den Deutschen Wetterdienst in Offenbach vor Gericht. Das Darmstädter Landgericht war anderer Meinung. Der Altweibersommer darf auch weiterhin so heißen.

In Schweden heißt der Altweibersommer Birgitta Sommer, in der Schweiz Witwensommer, Witwensömmerli, in Böhmen Wenzelsommer. Die Spinnfäden heißen in Frankreich „filis de la Vierge", was Fäden der Jungfrau Maria bedeutet. Etwa zur gleichen Zeit beginnt in Nordamerika das Laub sich zu verfärben. Dieses Naturschauspiel wird „Indian Summer" genannt. Der Name soll von einer alten indianischen Legende stammen, nach der das Rot der Bäume das Blut eines erlegten Bären symbolisieren soll. Andere Quellen berichten, dass nebeliges Wetter den Jägern half, unentdeckt zu bleiben. Zur Verstärkung dieses Effekts sollen die Indianer das Präriegrass angezündet haben. Weitere Berichte besagen, dies sei die Erntezeit für die Indianer gewesen oder die südwestlichen Winde, die zu dieser Zeit aufkommen, wären der Segen und die Wohltat eines Gottes der Wüste im Südwesten Amerikas.

In der Sternenkunde werden die Jahreszeiten durch den Winkel der Sonneneinstrahlung bestimmt, d.h. der Zeitpunkt des Umlaufs der Erde um die Sonne ist ausschlaggebend. Überschreitet die Sonne den Himmelsäquator von Süden nach Norden oder von Norden nach Süden, steht sie vom Erdmittelpunkt aus betrachtet jeweils senkrecht über dem Erdäquator. Da sie die Hälfte der täglichen Sonnenbahn zu diesem Zeitpunkt erreicht, sind auf der ganzen Erde Tag und Nacht ungefähr gleich lang. Es ist Tag- und Nachtgleiche. Die Schnittpunkte der Umlaufbahn zwischen Himmels- und Erdäquator sind die sog. Äquatorialpunkte, d.h. der Frühlings- bzw. Herbstpunkt. Sie dienen der astronomischen Einteilung der Jahreszeiten in Frühling und Herbst. Astronomisch betrachtet beginnt der Herbst mit der Tagundnachtgleiche am 22. oder 23. September.

Bauernregeln

Ist der Anfang des Herbstes klar, so folgt ein windiger Winter.
Sitzen die Birnen fest am Stiel, bringt der Winter Kälte viel.
Blühen die Disteln reich und voll, ein schöner Herbst dir blühen soll.

Viele Eicheln im September, viel Schnee im Dezember.
Solange der Kiebitz nicht geht, milde Witterung besteht.
Gib auf Ägidius Acht, er sagt dir, was der September macht.
Wird Mariä Geburt gesät, ist's nicht zu früh und nicht zu spät.
An Mariä Namen sagt der Sommer Amen.
Ziehen die wilden Gänse weg, fällt der Altweibersommer in den Dreck.

Zitate

„Denn tausend Jahre sind vor dir wie der Tag, der gestern vergangen ist, und wie eine Nachtwache. Du lässest sie dahinfahren wie einen Strom; sie sind wie ein Schlaf, gleichwie ein Gras, das doch bald welk wird, das da frühe blüht und bald welk wird und des Abends abgehauen wird und verdorrt." Ps 90, 4-6
„Wo die Natur nicht will, ist die Arbeit umsonst." Seneca
„Ich bin wie eine Rohrdommel in der Wüste; ich bin gleich wie ein Käuzlein in den verstörten Stätten. Ich wache und bin wie ein einsamer Vogel auf dem Dache." Ps 102, 7-8

September

Längst gereift ist das Grün
zur unergründlichen Tiefe
Schon zeigt sich ein Mond
am ausgestandenen Himmel

Horizonte werden länger
fällt weit hinab ins Tal
der Duft von Blütenresten

Augen des Sommers blinzeln
kälteren Räumen entgegen
Winterblass baut sich in Bäume ein

Septemberlied

Tannenbrand im Wiesenhag
und des Efeus grünes Blenden
will dem Ölkrug Wärme spenden
rausche Glut Septembertag

Gräser mir zu Füßen fächeln
letzten Gänseblümchen zu
bald schon geht zur Winterruh
Storchenschnabels herbes Lächeln

ach mir wird ganz leicht zu Mute
in des Gartens später Milde
Liebesperlen streut der wilde
Strauch vor kargen Herbstes Knute

rausche auf Kastanie rausche
einmal noch lass Laub sich wiegen
bis die Frucht hinab geschieden
dir Septemberlied ich lausche

Gewidmet Mechthild und Mario Lang Püttlingen, 21.09.07

Gelb umwoben
atmen die Ufer
Septemberlicht wächst
im fröstelnden Hain

Herbstspende

Eichelzeit
Septemberlaute fachen dich an
Windhände
drehten den Ring
aufs fingrige Blatt

Rehe auf dem Sprung
dicht im Gebüsch
Gedräng der Ricken und Kitze

ach du mein Septemberlaut
kling mir vor Blätterrauschen
Taugeschmack

all die Waldfrüchte die des Lorbeers
Tollkirschen, Vogelbeeren auch

des Tals Röte
Sonnenfluten
lichten mich ein
mit blauen Stunden
weißem Wolkengelock

Rosen spenden
Hagebuttentee

Indre im September

Krähen
immer wieder Krähen
Stoppelfelder Strünke
geneigte Häupter
verwelkter Sonnenblumen

Äcker durchquert
eine doppelte Allee
belagert von Heuballen

Windräder stehen still
antriebslos ragen die Flügel
in blaue Fernen

in Issoudun schalten
bepflanze Ampeln auf Grün
Fußgänger wechseln
von lila Petunien
zu gelben Chrysanthemen

noch regiert die Blumensprache
in der Ville Fleurie

Septembermorgen in der Brenne

Weithin gefurchte Ackerböden Maisfelder
im blauen Gewölk das den Lichtschleier hebt

am Horizont der Höfe
Dächer sich zu Straßen gruppieren
vor Getreidespeichern Silos
Kapellen simulieren
über der Autobahn
wirres Vibrieren

weiße Schwalben steigen auf
erfliegen im Naturpark der Brenne
Brücken über die Gräben des Asphalts

sie entschwinden je tiefer der Blick
ins Innere der Landschaft dringt

Flugzeit

Hinter der Martinskirche
wacht Geissfuß am Zugang zum Park
duck dich ins Gras kommst du den Pfad entlang
Löwenzahns Blüten plaudern

noch schwärmen Bienen
über Rotklee und Weißklee
versinken im Lila der Flockenblumen
Ameisen zwicken Bocksbartblüten ins Horn

Haarkränze der Schirmflieger lösen sich
Sonne verpustet sie
über verwitterten Steinstühlen

Baldachinspinnen weben Netze
für den Septemberflug
auf dem fliegenden Teppich der Spinnfäden

Abschied der Gartenvögel

Heut früh verstehe ich, was die Farbe Himmelblau ausdrückt: ein helles, voll gesättigtes, warmes Blau, durchzogen von hellstem Gelb, das wie wollige Streifen darin umherschweift, als wollte sie den Himmel streicheln und liebkosen. Welche Poesie des Himmels!

Ich sehe und lausche, höre aber keine Vogelstimmen mehr, die sonst um diese Zeit ihr wildes, morgendliches Fütterungsspektakel vorführen und laut vor sich hin pfeifen. Es ist still geworden, unsere Gäste scheinen fortgeflogen zu sein.

Auf den Ästen der smaragdenen Lebensbaumhecke lasten die vollen Zapfen. Sie lassen ihre Zweige hängen, Ausdruck der Trauer, dass von heute ab nur noch wenige Vögel sie besuchen werden. Zitronenfalter schweben über die Wiese, fliegen hinauf zur Hecke und lassen sich auf den Schuppenblättern nieder. Eine leichte Melancholie weht herüber, eine Art Hilfeschrei nach Rückschnitt.

Die Hecke aus Leyland-Zypressen wird an einer Stelle von herübergewachsenen Ästen des nachbarschaftlichen Holunders niedergedrückt. Brombeerzweige strecken ebenfalls ihre Früchte zwischen den Wildwuchs. Dunkelrote und hellrote Beerenköpfchen sehen mich an, als wollten sie fragen, wann werden wir geerntet? Ob die wenigen Wintergäste sie aufpicken werden? Vielleicht sollte ich sie aufsammeln und daraus Marmelade kochen. Ich will jedoch den Vögeln nicht in die Quere kommen und lasse sie weiter baumeln. Die Holunderbeeren sind irgendwann fast vollständig aufgelesen. Dennoch bietet unser Garten für alle noch reichlich Nahrung und darüber freue ich mich.

Davon unbeeindruckt hält die Fichtenhecke ihr Nadelwerk in die Luft, als wollte sie noch ein wenig weiter wachsen. In den dichten Verzweigungen verbergen sich die zurückgebliebenen Nester. Niemand fliegt mehr hinein, wird am Boden scharren, hüpfen oder wuscheln. Lautlos endet der Frühherbst der Gartenvögel.

Ein Trost, dass unsere Hecken grün bleiben werden. Das Gras muss noch gemäht werden. Eine Vielzahl an Pusteblumen hält die Schirmhäubchen fest und will sie nicht loslassen. Ja der Herbst fordert Opfer von uns allen. Beim ersten Windstoß werden sie davonfliegen.

Die Spinnen haben auf unserer Terrasse zwischen den Ecken der Holzpalisaden Netze gespannt. Als ich den Wildwuchs des Holunderbusches betrachten wollte, wäre ich fast hinein gelaufen. Heute soll es noch einmal sehr warm werden, sagen die Wetterpropheten, achtundzwanzig Grad. Es scheint, als wollte der Altweibersommer in diesem Jahr nicht enden. Schon volle zwei Wochen verwöhnt er uns und erleichtert das Abschiednehmen.

Ich will nicht vortrauern, denn der Abschied vom Spätsommer, phänologisch haben wir allerdings Frühherbst, kommt bestimmt. Selbst in der Bibel steht schon geschrieben: "Rühme dich nicht des morgenden Tages; denn du weißt nicht, was heute sich begeben mag." (Spr 27,1)

Altweibersommer

Weiße Fäden glitzern leise
in die kühl erwachte Welt
spinnen Silber auf der Reise
wenn die Stille Einzug hält

Tau des Herbstes zieht die Fäden
bis das Laub zu Boden fällt
und Natur die Sommerschäden
auf den kahlen Ästen zählt

Ach ich spür die Jahresringe
wie sie meine Seele engen
wie des Lebens ew'gen Dinge
mich zu neuer Einkehr drängen

Das Vergehen in der Zeit
nährt alle Vergänglichkeit
und mit jedem neuen Jahr
spinnt sich Silber in mein Haar

Wetterprognose

Wo ist das Licht, wo hellt es fort?
Verlasse nicht deinen Seelenort.

Die Blätterwirrniss
zehrt an Stämmen wie Rost,

der Ost reißt sie mitsamt
den Zweigen ins Bodenexil,

wenn auch knitternde Reste
dem Wind sich verweigern,

steigern Wolkenreihen
in dunkel gefärbter Luft das Drohen,

den hohen Blitzen
nicht entgegen zu stehen.

Und drehen die Böen ab nach Nord,
aufhellt das Licht, fort und fort.
Verlasse nicht deinen Seelenort!

Herbststurm

Vögel ziehen ellbachwärts
Äste sich entblättern,
Wolken sind kein Wetterscherz,
treiben weiter himmelwärts,
Sehnsuchtsworte klettern.

Ach, der Mond den Abend stillt
nächtlich unter Sternen;
ist die Seele nicht gewillt,
Hoffnung aus den Träumen quillt,
Schatten sich entfernen.

Später Sturm aus Windes Kräften
fasst die Luft am Kragen,
reißt die Blitze aus den Schäften,
Einschläge sich daran heften
Böden Risse tragen.

Wer im Herbst im Sturmeswind
schnell Schutz suchen muss,
keine offne Tür mehr find',
alles ändert sich geschwind,
fragt nicht nach Verdruss.

Einer weiß, wohin du gehst
auf den grauen Wegen.
Wenn du es auch nicht verstehst,
oft nach Licht und Wärme flehst,
ihm ist an dir gelegen.

❧

Herbstwanderung

Störche fliegen im Herbstgrau
durch das Hellblau der letzten Himmelsluken.
Weißblütig halten Lianen
Lärmschutzwände zusammen
Brautschleier der Mauerhochzeit.

Hinter dem Wehrturm
trommeln die Bremer Stadtmusikanten
am Sammelplatz der Raben,
warten auf Aschenputtel.

Ocker besprenkelt schwanken die Baumkronen,
aus dem Waffeleisen der Wolken
strömt verfrühter Zimtgeruch.

Links und rechts neben der Autobahn
aufragende Kräne, simulieren
aufgeklappte Brückenflügel
über dem Autofluss.

Bauarbeiter auf der Notbrücke
kontrollieren, regulieren
den Feierabendverkehr.

Steinheim, 03.10.2017

Tiere im Herbst

„Die Gänse werden im Herbst
unruhig, denn ihr Blut erinnert
sich, dass es Zeit ist zu zie-
hen." August Strindberg

Herbstbeginn im Pinienwald

Wir zählen zu den letzten Gästen der Saison und genießen die einkehrende Ruhe der Bäume. Noch einmal sehen wir, wie die Eichhörnchen sich an Pinienstämmen hochkrallen, anhalten und in der Senkrechten weiterlaufen, bevor sie im Geäst Sprungkünste vorführen, die manche Artisten in Versuchung bringen würden, ihnen nachzueifern, wenn sie nur wüssten, wie sie es anstellen müssten.

Heute Morgen rasten gar drei dieser kuscheligen Pelztiere an den Stämmen hoch und fauchten sich gegenseitig an. War dies ein Paarungsversuch oder schon das Verteidigen der Futtertröge oder ein Kinderspiel ums Besser, Höher, Schöner? Jedenfalls gaben die sonst stummen, possierlichen Nager schrille Schreie von sich. Beginnt so der September? Unfriedlich, aufgescheucht und kämpferisch? Die Sonne beteiligte sich nicht daran. Sie stieg vom Horizont als pralle Orange auf und bestrahlte alles, was sich ihr in den Weg stellte. Da dachte ich: „Hier bin ich Mensch, hier darf ich sein." Ach du mein Goethe! Wie hättest du dieses Spektakel beschrieben, vielleicht als Lehrling der Jahreszeiten, der den Sommer loswerden will?

> Strahle, strahle
> pralle Hitze in die frühe Morgenstunde,
> dass mit Wärme schwillt das Fahle,
> heilt die kühle Sterbenswunde.

Die Dichter fanden viele Worte für diese Zwischenzeit. Der Übergang von der Morgendämmerung in den lichten Tag war heute jedenfalls unüberhörbar. Rehe sind in diesem Frühherbst noch keine durch den Wald gelaufen. Letztes Jahr kamen sie bis an die Müllcontainer, hielten kurz an und liefen wieder hinter die Einzäunung des Feriengeländes. Auch ein Wildschwein schaffte es schon hinter die Abgrenzung, grunzte missmutig auf einer Terrasse, bevor es den Weg zurück nahm. Weniger laut wanderten die mit uns verbliebenen Gäste ins Dorf, um im Lebensmittelladen das Frühstück zu besorgen. Sie kamen noch leiser zurück. Diskretion herrscht hier im Pinienwald, denn hier leben Mensch und Natur miteinander in Eintracht. Ein fürstliches Vergnügen empfindet man, in diesen Tempeln des Wohllebens weilen zu können. Da schon Napoleon die Gegend um das Département Gironde bevorzugte, fühlen wir uns ebenfalls wie Gott in Frankreich. „Gebt dem Kaiser, was des Kaisers ist", steht geschrieben und so geben und nehmen wir auf, was vor Jahrhunderten hier schon gelebt wurde: die Stille des Augenblicks, den Frieden der Bäume, das Licht des Himmels. Erholung par excellence im September, Balsam für die Seele.

Die Tauben gurren auf erhabenen Ästen und tanzen sich an. Der Lockruf der Natur erfasst plötzlich alles Lebendige und so schwirren die Spatzen vereint von Strauch zu Strauch, von Ast zu Ast. Manche Vogelarten zwitschern ihren Nachkommen, wo das pfündige Morgenmal in den Sträuchern und Hecken zu finden ist. Vogelgespräche, Kolumnen der Futtersuche, Anzeigen der Fundstellen. Ach ja, wie genüsslich der Herbst sie noch einmal versorgt, damit alle vorsorgen können. Wenn die Blätter fallen, wird das Scharren, Herausholen und Wiederverscharren zur lebensnotwendigen Routine der Waldbewohner. Indes stoßen die Wachposten mancher Vögel Warnschreie aus zur Revierhaltung und Hauspflege.

Herbstzeit

Nun sind die Wiesen abgemäht,
aus trocknen Feldern ragen Strunke
strohgelb. Ein Rabe fliegt zum Trunke
hinab ins Karge. Wie zugenäht

das Sonnenauge, das sich verschmäht.
Die Regenwolke wird zur Dschunke
für Regenwürmer. Hin zur Tunke
der Rabe fliegt und fröhlich kräht.

Braunkernig ducken Sonnenblumen
ihre Köpfe, vergess'ne Weizenkörner
sind für Dohlen gold'ne Krumen.

Hasen pflügen durch die Felder,
Hirsche reiben ihre Hörner,
Paarkampf hallt im Rausch der Wälder.

Vogelflug

Der Himmel verkleinert sich
schwarze Fäden
Vogelketten
Fluglinien ins Fremde

hinfort in wildem Aufschrei
entfallen einzelne Federn
Füllstoff der Leere

flaumweich
darin das Laub entgrünt
und Feuer wirft
der Sonne hinterher
die in weiter Ferne
sich die Haare bindet
zu einem Kranz
aus Astern

🕊 🕊 🕊

Die Friedenstaube

An einem frühen Sonnentag,
als aller Wald in Ruhe lag,
erklomm ein Hörnchen, flink und flux
den Pinienstamm ohne Gemux.

Es speiste von der Zapfenquelle,
zerbiss die feste Zapfenpelle.
Weit hallte unverhohl'nes Schmatzen.
Da hört es doch ein andres kratzen!

Dies war nicht recht, denn dieser Stamm
gehörte ihm, ein jedes Gramm!
Doch dem Besucher war dies gleich,
die Zapfenkron' war aller Reich.

Er räkelte zum Nachbarast,
der Zapfenwuchs wie eine Quast
dort prangte und mit viel Genuss
holte es aus zum Räuberschuss.

Da wackelte es im Geäst,
das Hörnchen krallte sich ganz fest
und fauchte jenen Räuber an,
damit er floh. Dem lag nichts dran!

Er sah voll Mitleid an das Hörnchen,
blies ins Gesicht ihm letztes Körnchen.
Das war zu viel, 'ne Kriegserklärung!
Der Kampf entbrannt um die Ernährung.

Das Hörnchen setzte an zum Sprung,
der Dieb war schneller, war noch jung.
So jagte ihn der alte Hase
durch das Geäst mit Spürhundnase.

Sie stießen schrille Schreie aus,
ununterbrochen, ohne Paus',
bis aufgewacht der ganze Wald

vom Kampf der beiden mit Gewalt.

Zur Pinie hin 'ne Taube flog,
aus Flügeln eine Laube bog.
Da hielten ein die Kampfgenossen,
kauerten sich an Astes Sprossen.

Die Taube sprach: „Euch sei's gesagt,
wenn ihr nur einen Schrei noch wagt,
fliegt auf das ganze Vogelheer
und flügelt Wind wie Sturm am Meer.

Wir wirbeln weiter, machen Dampf,
bis aufhört ihr mit eurem Kampf!
Es gibt genügend Pinienkronen,
die sich für jedes Hörnchen lohnen.

Reicht euch die Krallen, Frieden sei.
Im Wald sind alle Tiere frei!"
Da duckten beide ihre Köpfchen,
die Augen funkelten wie Knöpfchen.

Sie krallten sich zum Friedensgruß
und zogen ab auf leisem Fuß.
Der Taube Spruch zum Himmel schallt.
So ruht in Frieden nun der Wald.

Schadensfall

Ungeordnet vom Donner
das Netz der Spinne im Strauch.
Die Hornisse stürzt,
verschleiert, verklebt, auf den Bauch.

Sie windet sich, sticht ihr Gift
in den regenweichen Boden,
trifft den Hirschhornkäfer
auf den schwarzen Panzer,
der darunter krabbelt.

„Bist du ein Lanzer",
ruft er ihr nach,
„oder ein kämpfender Schläfer?
Der Urwald eignet sich nicht
zum Kriegserklären"
und wischt ab sich die Zähren.

Während er zappelt
betrachtet die Spinne das Kräftemessen,
webt ein glitzerndes Dach.
Die Hornisse reinigt vergessen
im feuchten Bach des Sturms
die Flügel erpicht,
fliegt auf aus dem Bann
ins Sonnenlicht.
Arachne strafft ihr Gespann.

Wenn zwei sich streiten

Regen prickelt über Halmen,
tropft auf schlafende Zikaden,
ruh'n im Gras auf ihren Waden.
Vögel zwitschern frohe Psalmen.

Dunst steigt auf, fängt an zu qualmen,
über'm Gras wandern die Schwaden.
Ohne Zagen die Zikaden
hüpfen hin zu Yuccapalmen.

Ach, da züngelt eine Schlange.
„So ein ausgeschamter Schnödel!
Für dich ist das doch nur Trödel",

schimpfen Vögel böse lange.
Vor'm Geschrei der Kampfestiere
flieh'n die Zikaden. Dank der Schmiere!

Der Waldschrat

Grenzenlos atmet die Landschaft
himmelwärts ein Sonnenzögern

über der Querneigung der Waldwege
Fußtritte auf Steinrücken
von scharfen Kanten durchstoßen
widerhallen in Regenpfützen

Wind durchstreift das Gehölz
frischt auf den Blätterharsch der Keltengräber
Rehe aufschrecken flüchten davon

auf seinem Stammsitz
lächelt der Waldschrat

Vogelzug

Viele Vogelarten verlassen im Herbst die Brutgebiete und machen sich auf die Reise in die Überwinterungsgebiete. Teichrohrsänger, Kuckuck, Mauersegler und Gartengrasmücke verlassen bereits im August ihre Gebiete. Nachzügler bleiben noch bis Mitte September.

Kleine Singvögel verteidigen jetzt kein Revier mehr. Sie schließen sich zu gemischten Trupps zusammen, um sicherer vor natürlichen Feinden zu sein wie dem Sperber oder Turmfalken. Man trifft sie daher meist in ganzen Schwärmen an. Grünfinke, Bergfinke, Erlenzeisige, Kleiber oder Gartenbaumläufer sind in solchen Verbänden anzutreffen. Durchzügler und Wintergäste in den Hecken sind Rotdrosseln und Goldammern. Krähen, Ringeltauben, Grünfinke und Feldsperlinge halten auf den Ackerflächen eine Nachlese.

Kormorane, Kiebitze, Wespenbussarde und viele andere Zugvögel berühren unsere Gebiete bei ihren Wanderungen in den Süden. Nordische Gänse und Störche ziehen über die Niederungen hinweg und wandern in ihre Winterquartiere. Der Weißstorch ist dabei der größte Energiesparer. Anstatt mit den Flügeln zu schlagen, lässt er sich von Aufwinden tragen. Er ist ein Segelflieder, weshalb er nur sehr wenig Energie verbraucht. Die meisten Störche überwintern in Afrika, einige fliegen nur bis Südeuropa. Sie fliegen bis zu vierhundert Kilometern täglich bei einem Durchschnittstempo von neunzig Stundenkilometern.

Die Blässgans hingegen flattert bei ihrem Zug ununterbrochen mit den Flügeln. Um den Energiebedarf für die Reise zu decken, frisst sie sich einen großen Fettvorrat an. Sie kann eine Strecke von sechstausend Kilometern bewältigen. Die Blässgans ist bei uns ein Wintergast. Sie kommt aus Sibirien und überwintert am Niederrhein. Haubentaucher sollten sich vor ihr vorsehen. Sie ist ein Nesträuber.

Der Kranich ist der bekannteste Zugvogel. Er ist gut am Himmel zu erkennen, die Flügelspannbreite misst zwei Meter. Er bildet zackige Flugformationen am Himmel und kreischt deutlich hörbar durch die Luft. Bevor Kraniche in den Süden ziehen, sammeln sie sich in riesigen Scharen auf

Rügen und Stralsund. Zwischenstation machen sie auch auf dem Peterberg im Saarland und ziehen in Schwärmen weiter nach Spanien oder Portugal.

Am Wattenmeer kann man zu Herbstbeginn riesige Schwärme von Knutts beobachten. Sie rasten dort zur gemeinsamen Futtersuche. Für den langen Flug nach Afrika, es sind ununterbrochen etwa sechstausend Kilometer, nehmen sie achtzig Prozent ihres Körpergewichts zu.

Noch ein Langstreckenzieher gilt es zu beobachten, die Küstenseeschwalbe. Sie überwintert in der Antarktis, brüten tut sie jedoch in der Arktis. Sie fliegt also jedes Jahr um den gesamten Globus.

Der Vogelkundler

Von vorne hört man's klappern, krähen, kreischen,
das in der Stille um so klarer klirrt,
als wenn Gespenster (in der Zeit geirrt)
nun sichtbar um die Wasserflächen schleichen,

um Hecken, dunkle Höhlen zu erreichen,
sich aus dem Licht die Dunkelheit entwirrt.
Kein Schmetterling ihnen entgegenschwirrt,
dem sie, die Tarnung wahrend, müssen weichen.

Doch schleichst du selbst auf Vogelkundlers Fluren,
versinkst du haltlos in Entdeckerspuren
wie ein Gespenst, das aus der Zeit sich denkt,

sich heimlich an den Aussichtsplatz hinrenkt
willst unverstellt das ungestörte Treiben
der Vogelwelt ganz nah dir einverleiben.

Jenseits der Schatten

Vogellinien am Himmel,
du schaust in die Herbstuhr,
Seelengleiten.

In mir strömt Wind,
Kranichgeschrei
aus aufgereihten Zacken.

Schlieren werfen die Weißschatten,
die Litanei des Regens,
Wolken gefaltet,
betet Hoffnung meiner Sehnsucht.

Das Licht, göttlich,
breitet einen Mantel aus
über Eingetrübtes, Trauerndes.

Ich folge den Flugbahnen,
die wie Freiwürfe des Trostes
den Abschied begleiten.

Ein Ebenbild will ich finden
für den Schlaf, in den ich falle,
irgendwann jenseits.

Diesseits
wartet der Morgen.

☾

Im Flügelwind

Auf Sammelplätzen
Kuckucksrufe Zeisige
treffen sich wieder

Kreischende Krähen
schwärmen in Ackerfurchen
Sperber spähen aus

Kleinvögel huschen
in Hecken Vogeltruppen
im Winterquartier

Baumkronenlaute
Konferenz der Zugvögel
wirres Luftgespräch

Laute Flugschatten
Blassgänse schnattern am Turm
Grußworte im Wind

Kormoranenzug
Flügel schlagen Aufwind im
Herbst Kiebitze fliehn

Kraniche rauschen
Peterberg im Flügelwind
Flugrast gen Süden

Küstenseeschwalben
jagen im Watt im Tiefflug
vor dem Winterzug

Singdrosseln kreisen
lärmen über Astgabeln
Flugreisewege

Flugscheinausgabe
am Herbstbahnhof Zugvögel
warten in Schlangen

Weißstörche klappern
im Horst Aufbruch in Scharen
zum Afrikaflug

Möwen schlagen Sturm
Nonnengänse im Anflug
Rast im Wattenmeer

Herbstgewitter

Schatten getröstetes Licht,
Gewitter.
Im Wind zacken
Trübnisse.

Finsternisse
erwidern
mit Rotstich.

Auch Störche
fliegen
über sich hinweg.

Aufwind, der trägt
in die weitesten Winkel.

Am Himmel
Schaudern
Zaudern
Plaudern

Vogeldemokratie

Von unten fällt der Blick auf hohe Bäume,
die ein Gezweiggewirre auf sich tragen,
aus welchem rote Stelzen aufrecht ragen,
die scheinbar wachsen in die blauen Räume.

Auf Gräsermatten tritt, auf Federfläume
die Storchenmajestät mit hohem Kragen.
Mit starken weiten Schwingen ohne Zagen
sie auf Gewässern aufschlägt weiße Schäume,

wo sie mit ihren langen Schnäbeln klappern,
mit ihresgleichen ausgelassen plappern.
Ein kleiner Buchfink plötzlich sich es wagt

und lauthals seine liebe Ruh einklagt
im Vogelpark. Schließlich sei es demokratisch,
dass Kleinvolk mitspricht, meinte er sokratisch.

Kraniche fliegen

Kraniche fliegen, Kraniche fliegen,
sie lassen die Sommerquartiere liegen;
plaudern am Himmel, rufen, trompeten,
die Route gezeichnet von inn'ren Magneten.

Kraniche fliegen, Kraniche fliegen,
die Flugkörper sich im Fahrtenwind wiegen,
ziehen in Formationen Strecken,
rasten auf Feldern, Mündungsbecken.

Kraniche fliegen, Kraniche fliegen,
sieh, wie sie sich durch Unwetter biegen,
durch Regen drängen, Sturm und Gebraus,
auf dem Weg ins Überwinterungszuhaus.

Kraniche fliegen, Kraniche fliegen,
im Flug sie sich aneinander schmiegen,
segeln gemeinsam zur Sonne voran
durch Höhen und Tiefen, wie ein Mensch es nie kann.

Draußen der Vogelhimmel
kreischt die Dunkelheit herbei
oder die Blindheit.
Wer nichts sieht,
muss neue Wege gehen.

Die Vogelmajestät

„Herr Adebar, Herr Adebar,
vor Ihrer Nase tanzt ein Star.
Er will mit Nachtigallen, Finken,
vom Siegertreppchen hüpfend winken."

„Herr Kuckuck, macht Euch keinen Kopf.
Zum Singen fehlt im doch der Kropf.
Zum Fliegen fehlt der Rückenwind.
Nie wird er so wie ich geschwind
als erster dieses Ziel erreichen.
Dem wahren Sieger wird er weichen."

„Herr Adebar, Herr Adebar,
zum Sturz die kleine Vogelschar
hat hier lange schon aufgerufen,
den Wind die vielen Flügel schufen."

„Herr Kuckuck, niemand weiß wie Ihr,
ein Star ist doch kein Königstier.
Es mangelt ihm an Orientierung.
Drum braucht er auch von allen Führung.
Doch wer schon führt, der will auch siegen
und sich im eignen Glanze wiegen."

„Herr Adebar, Herr Adebar,
vielleicht ist Ihnen noch nicht klar
von Dächern pfeifen es die Spatzen,
an Ihrem Thron will jeder kratzen."

„Ach was, Herr Kuckuck, dummes Zeug,
dass ich mich kleinen Vögeln beug.
Ein Storch sitzt immer auf dem Thron,
wie vor mir Generationen schon.
Wenn es auch jedem nicht gefällt,
wer fliegt wie ich, regiert die Welt!"

„Herr Adebar, Herr Adebar,
die Adler trafen sich sogar,

um sich mit allen zu verständigen,
der Aufstand ist nicht mehr zu bändigen!!"

„Zum Kuckuck, nun ist's aber gut!!!
Am End verlässt Ihn noch der Mut.
Flieg Er voran und richte mir
das Storchenführungshauptquartier."

Doch plötzlich zog mit viel Geschrei
das bunt gemischte Volk vorbei.
„Hurra", schrie es aus allen Kehlen,
„der Storch wird heut sein Ziel verfehlen.
Der Kuckuck hat ein Ei gelegt.
Doch er hat es hinweggefegt.
Das weiß doch schließlich jedes Kind,
wer Flügel hat, den trägt der Wind."

Waldbruch

Geht ein in der Waldgesellschaft
Laub gelichteter Baum

überm abgeholzten Nestwerk
schreien Vögel

wie wild ist in mir ihr Tönen
auf der schnittigen Kante aus Bast

kahle Last der Windsaat
im Splintholz bohren noch Spechte

Wald und Tiere im Herbst

Auch im Wald bereiten sich im Herbst die Tiere auf den bevorstehenden Winter vor. Winterruhe halten vor allem kleinere Säugetiere, die während des Winters die meiste Zeit ruhen und nur von ihren Vorräten leben wie der Waschbär, Braunbär oder das Eichhörnchen.

Eichhörnchen leben hauptsächlich von und in Bäumen oder Sträuchern, bauen mehrere Kugelnester aus Zweigen in die Kronen, sogenannte Kobel oder leben in Baumhöhlen. Die Nester werden mit Gras, Blättern und Moos ausgepolstert. Sie ernähren sich von Knospen, Blüten, Nüssen und Samen der Bäume und Sträucher, aber auch von Pilzen, Schnecken, Insekten, Ameisenpuppen, Vogeleiern und Vogeljungen. Wenn sie als Nestplünderer unterwegs sind, werden sie zu Beutegreifern. Der buschige Schwanz ist fast so lang wie der gesamte Körper und hat mehrere Funktionen. Mit ihm hält der unstete Springer sein Gleichgewicht, steuert und rudert den Sprung von Ast zu Ast. Er dient auch der Kommunikation mit den Artgenossen und reguliert die Körperwärme, wenn es sich zusammenrollt und sich damit im Schlaf zudeckt. Die kräftigen Hinterbeine, die etwas länger sind als die Vorderbeine, haben scharfe Krallen und sorgen für eine erfolgreiche Landung und Halt im Geäst, besonders, wenn es kopfabwärts saust. Eichhörnchen sind tagaktiv und ziehen sich in der Mittagszeit in ihre Kobel oder Baumhöhlen zurück. Im Herbst allerdings streichen sie unentwegt umher, um für den Winter Vorräte zu verstecken. Da sie nicht alle wiederfinden, tragen sie zur Auswilderung und dem Fortbestand von Bäumen und Sträuchern im Wald bei. Wenn sie sich paaren, verfolgen sich die Partner geräuschvoll in Spiralen um die Baumstämme hinauf und hinunter. Der Nachwuchs wird blind geboren und sechs Wochen von der Mutter allein betreut.

Andere Tiere überwintern an frostgeschützten Stellen im Boden, unter Steinen, in Rindenspalten oder sie senken die Körpertemperatur, fallen in den Winterschlaf wie z.B. der Igel. Fallen Tiere in die Winterstarre, fahren sie ihre Körperfunktionen extrem herunter. Dies tun vor allem Insekten,

Wirbellose, Reptilien, Fische, Amphibien, Frösche und Schnecken. Einige Wildtiere bekommen ein Winterfell.

Eines der größten und wehrhaftesten Waldtiere ist das Rotwild. Das Geweih eines Hirsches nimmt von Jahr zu Jahr an Größe, Gewicht und Anzahl der Enden zu und wird zum Winterende abgeworfen. Das Rotwild ist tagaktiv, wird aber bei Störung dämmerungs- und nachtaktiv.

Der Damhirsch hat anders als der Rothirsch weiße Flecken auf seinem Fell und "Schaufeln" anstatt einem Geweih. In den Morgen- und Abendstunden ist das Reh aktiv. Es ernährt sich von Zweigen, Blättern, Knospen, Gräsern, Pilzen und Obst. Rehböcke werfen ihr Gehörn ab. Für Wildschweine, Hirsche und Rehe beginnt die Brunftzeit. Hirsche leben das ganze Jahr über in Rudeln. Rehe sind Einzelgänger und schließen sich nur im Winter zusammen.

Verirrt

Rehkitze im Zierschritt
im versengten Ginster
sonnenvergreist

ach zähle die Rotflecken
der Außenhaut
zu jung um zu irren

gib ihnen das Muttertier
zurück im Kiefernwald
bevor sie anderen
zum Opfer fallen

Specht und Haselmaus

Ein Buntspecht hämmerte sehr spät
als ob mit Eil es dämmern tät!
Und als er ausgehämmert hatte,
erhaschte eine Maus die Latte,
die ihm vor lauter Eil entfiel.

Die Maus kam unverhofft zum Ziel.
Schon länger suchte sie ein Brett,
als Unterlage für ein Bett,
um sich darauf gut auszuruhn,
denn eine Maus hat viel zu tun!

Als sich der Specht so recht besann,
dass er das Brett doch brauchen kann,
gab jene Maus es nicht mehr her,
verhöhnte ihn mit Spott so sehr,
dass dieser an die Höhle flog
und Kleinzeug hackte, doch nur grob.

Es regnete von oben Brocken,
darüber sich die Maus erschrocken.
Sie huschte ab unters Gebüsch,
verscharrte sich im Blätterplüsch.
Und die Moral von der Geschicht':
Bauklötze klauben lohnt sich nicht!

Nicht schlecht Herr Specht

Zu Sommers Abschied haut ein Specht
die Schnabelsäge in den Ast.
Zur Mittagszeit im letzten Glast
wird aus dem Zimmermann ein Knecht.

Dies ist dem Eichhörnchen nicht recht,
es schläft grad süß in seinem Kobel,
wird wachgerüttelt durch den Hobel,
die Ruhe durch den Krach geschwächt.

Der Vogel bohrt sich in den Bast
und denkt: das ist nicht schlecht, Herr Specht!
Als um das Nest er weiter zecht,
wird es dem Hörnchen doch zur Last.

Es schlägt die Krallen zum Gefecht
und stellt das Fell auf wie ein Zobel.
Der Specht denkt: dieses Fell wär nobel,
als Innenfutter gar nicht schlecht

Das Hörnchen springt flugs an die Höhle,
will jenen Störenfried verprügeln,
der droht mit aufgeschlag'nen Flügeln
und schreit aus voller Vogelkehle.

Das Hörnchen, wirr von dem Krakeelen,
trifft jenes Nest nicht ganz genau.
Die losen Brocken aus dem Bau
des Hörnchens Köpfchen nicht verfehlen.

Getroffen fällt der Streiter nieder
auf einen Wurzelstrang des Baums.
Der Specht, verwundert dieses Traums,
trällert den Wald voll Siegeslieder.

Da setzt ein Rotfuchs , der dort schnürte,
zum Sprung an auf die leichte Beute,
als sich des Spechtes ganze Meute

auf diesen stürzte und Wind schürte.

Der Fuchs, erschrocken, lies ihn liegen.
Die Vogelschar schlug weiter Wind,
das Hörnchen lag taub wie ein Kind.
Kein Specht wollte da weiterfliegen.

Als zehn Minuten schon vergangen
schlug's Hörnchen seine Äuglein auf,
der Schwarm vor Freude pfiff zuhauf.
Da wollt Hörnchen nichts mehr verlangen,
hat sich nie mehr bei Spechts verfangen.

Das Eichhörnchen

Ein Eichhörnchen im Kiefernwald
am Baumstamm tief sich festgekrallt.
Mit flinken Sprüngen im Geäst
schwang es hinauf zum Erntefest,

sah nicht nach links, sah nicht nach rechts,
hörte auch nicht das Kra-Gekrächz,
das ebenfalls zum Abendessen
sich in der Pinie eingesessen.

Es knackte laut, es knackte leis,
das Sammeln kostete viel Schweiß,
der schließlich auf den Boden tropfte,
auf eines Finkes Federn klopfte.
Verärgert der nach oben feixte,
wo jener Räuber Äste spreizte.

Als ihn der Fink entdeckte
Geschrei Eichhörnchen schreckte
dass es vom Baum hinuntersprang.
Aus war es mit dem Rabenfang.

Urwald

Wir klettern über
abgebrochene Äste
spüren dem Laut nach
der von den Stämmen rührt

an der Borkenweste
hämmert ein Specht stolz
seine Höhle ins Holz

Zersplittertes schießt
in den Humus Trichter
wir weichen dem Fallen aus
laufen auf freie Plätze

eine Maus verschließt
ihr Erdloch mit Laub dichter
rollt vor einen Blätterballen
versteckt die Vorratsschätze

Waldvögel pfeifen
geheime Botschaften
verführerische Gedanken

wir lösen vom Liebesgeplänkel die Blicke
und wandern weiter

die sich den offenen Kampf verkneifen
rütteln an Altholzplanken

Maulwurf Franz

Feuchte Fusel leise schleichen
über dunkelgrüne Kuhlen.
In den kleinen blassen Teichen
sich die Rabenknaben suhlen.

Aus dem losen Erdenturm
spitzt der Novemberregenwurm.
Auch ein schwarzer Borkenkäfer
nistet dort als Wetterschläfer.

Flugs mit allerlei Verdruss,
setzt ein Maulwurf an zum Schuss.
Wenn der Herbst auch alle striezt,
sind jene Löcher doch sein Kiez!

Sein Revier wird er verteidigen,
niemand wird ihn hier beleidigen.
Wer in seinen Löchern spielt,
ihm die Winterruhe stiehlt.

Also fing er an zu bohren,
von dem Schwanz bis zu den Ohren
drang er unterirdisch vor,
hob den Regenwurm empor,
warf den Käfer trotzig raus
zum Gefallen einer Maus,

stieg heraus mit Siegesmiene
posierte auf des Astes Schiene,
mit gewund'nem Gräserkranz,
stolz wie Oskar, Maulwurf Franz.

Und wie wahr, Fanfaren, Tröten,
aus den hohen Hallen flöten,
erst noch sanft, dann kratzig rau,
durch des Morgennebels Grau.

Derweil die Rabenknaben spähten,
laut im Hungerfrust aufkrähten,
nach dem Wurm, der wund sich kringelt.
Als die Schar ihn fast umzingelt,
lauter wurden Kampfeskürzel,
aus der Höhe Federsturm.

Jäh kroch fort der Regenwurm.
Raben stählten ihre Bürzel,
zogen ab mit viel Geschrei,
knapp am Raubvogel vorbei.

Jener rammte seine Krallen
nun in Maulwurfs Erdenballen,
hob ihn aus dem Höhlenbau,
flog die Beute zielgenau
in seinen Horst, um sich zu laben.

Regenwurm und Käfer schaben
Sich tief ein ins dunkle Erdenreich,
die Rabenknaben sanken, bleich
und aufgeschreckt im Nieselgries
in die Gräser einer Wies'.

Und die Moral von der Geschicht':
Gräben graben lohnt sich nicht.

\\/ \\/ \\/

Jagdzeit

Hubertus von Lüttich, geboren im Jahr 655 in Toulouse als Nachkomme Herzogs Bertrand von Toulouse, war Pfalzgraf in Paris. Er flüchtete nach Metz, heiratete später die Prinzessin von Löwen und bekam mit ihr einen gemeinsamen Sohn. Als seine Frau bei der Geburt starb, verließ er die Stadt, legte alle Ämter nieder und lebte allein im Gebiet der Ardennen. Er ernährte sich von Tieren und Pflanzen und ging auf die Jagd, um sich mit Nahrung zu versorgen.

Die Legende besagt, dass Hubertus bei der Jagd einen großen Hirsch verfolgte. Als er ihn erlegen wollte und näher an den Hirsch herankam, erschien ihm im Geweih des Hirsches ein Kreuz mit dem gekreuzigten Jesus. Der Gekreuzigte sprach zu Hubertus durch den Mund des Hirschen und bekehrte ihn. Hubertus wandte sich von der Jagd ab und wendete sich fortan der Kirche zu. Er ließ sich taufen, wurde später Bischof von Tongern-Maastricht. 712 ließ er seinen Sitz nach Lüttich verlegen und erbaute dort eine Kathedrale.

Der Heilige Hubertus ist Schutzpatron der Jäger und der Jagd, der Hunde, der Schützen und Schützenbruderschaften, der Kürschner, Metzger, Metallbearbeiter, Büchsenmacher, Optiker, Mathematiker und Hersteller von mathematischen Geräten und ist Helfer gegen Tollwut,.

Die Jagd, auch Waidwerk genannt, war bis ins Mittelalter ein Privileg des Adels und staatlicher oder kirchlicher Würdenträger. Man unterschied zwischen Hoher Jagd und Niederer Jagd. Die Jagd auf das Hochwild war dem Adel vorbehalten. Der niedere Klerus und die Bürger durften nur kleinere Tiere wie Hasen, Federwild oder Rehwild bejagen. Im sogenannten Wildbann hatte ausschließlich der König oder der Fürst das alleinige Jagdrecht. Wilderei wurde hart bestraft.

Zeugen dieser Vergangenheit sind die zahlreichen Jagdschlösser, die überall in Deutschland zu finden sind. Fürst Ludwig von Nassau-Saarbrücken ließ, um seiner Jagdleidenschaft frönen zu können, sowohl das Jagdschloss Karlsbrunn zwischen 1769 und 1786 erbauen als auch 1789 das Jagdhaus Püttlingen, das heute als Püttlinger Schlösschen bekannt ist.

Heute regelt das Bundesjagdrecht in Deutschland die Ausübung der Jagd. Zuständig sind die Forstämter der Länder. Die Jagd ist untrennbar mit dem Eigentum an Grund und Boden verbunden und unter Beachtung der Waidgerechtigkeit auszuüben.

Das Recht zur Jagd auf einem bestimmten Gebiet beinhaltet auch gleichzeitig die Pflicht zur Hege. Ziel ist die Erhaltung eines den landschaftlichen und landeskulturellen Verhältnissen angepassten artenreichen und gesunden Wildbestands und ist so durchzuführen, dass Beeinträchtigungen einer ordnungsgemäßen land-, forst- und fischereiwirtschaftlichen Nutzung, insbesondere Wildschäden, möglichst vermieden werden.

Wildschäden in der Land- und Forstwirtschaft werden durch Schalenwild, Wildschweine, Fasane und Wildkaninchen verursacht. Sind nicht genug Früchte von Eichen und Buchen zu finden, fressen Wildschweine alle Feldfrüchte, insbesondere Kartoffeln. Sie durchwühlen dabei Getreidefelder, Wiesen und Rabatte auf der Suche nach Blumenzwiebeln. In der Forstwirtschaft werden durch Reiben, das sog. Fegen oder Verbiss Wildschäden durch Rehe und Hirsche verursacht.

Die Jagd und der Naturschutz sind eng miteinander verknüpft. Für die Jagd gelten besondere Jagd- und Schonzeiten und die Festlegung der jagdbaren Tierarten. Schalenwild wird hauptsächlich durch die Ansitzjagd, die Pirsch und Bewegungsjagd erlegt.

Die Ansitzjagd ist eine Einzeljagd ohne Treiber und Hunde und wird von einem Ansitz, meist in hierzu errichteten Hochsitzen oder einem Erdsitz ausgeübt. Es gibt aber auch den gemeinschaftlichen Ansitz mit mehreren Jägern. Bei der Pirsch, ebenfalls einer Einzeljagd, nähert sich der Jäger langsam und lautlos dem Wild gegen den Wind, in dem er seiner Spur folgt.

Die bekanntesten Bewegungsjagden sind die Treibjagd bei Hoch- und Niederwild, bei der Schützen, Treiber und Hunde zusammenwirken und die Drückjagd bei Schalentieren, bei der das Wild aus der Deckung gedrückt wird, ohne es zu sehr zu treiben. Die Parforcejagd, eine Hetzjagd, bei der die Hundemeute von Reitern begleitet wird, ist in

Deutschland verboten. Sie war die bevorzugte Jagdform des Adels. Sie wurde durch die Schleppjagd ersetzt.

Bei dieser Art der Reitjagd verfolgt die Hundemeute eine Duftspur, die sog. Schleppe, die vorher von einer Reitergruppe gelegt wurde. Der Jagdherr ruft vor dem Aufbruch dreimal Horrido. Die Jagdreiter rufen „Jo-Ho". Der Mater reitet voran und darf nicht überholt werden. Auch das Kreuzen der Jagdstrecke ist nicht erlaubt. Es darf nicht quer geritten werden, um Unfälle zu vermeiden. Im offenen Gelände wird im Galopp über natürliche oder angelegte Hindernisse gesprungen. Nach dem Abblasen der Jagd beginnt das Schüsseltreiben, das gemeinsame Essen der Jäger, Treiber und Hundeführer.

Das Jagdhornblasen ist ein wesentlicher Bestandteil des Jagdbrauchtums. Die Verständigung erfolgt mit festgelegten Jagdhornsignalen. Von besonderer Bedeutung bei Gesellschaftsjagden sind die Jagdleitsignale. Die wichtigsten sind die Begrüßung, Antreiben des Treibers, Treibers in den Kessel und Abblasen des Treibers. Die wichtigsten Totsingale sind Hirsch tot, Damwild tot, Sau tot, Reh tot, Hase tot, Fuchs tot und Flugwild tot. Am Ende der Jagd wird das Jagdvorbei-Halali geblasen.

Für eine waidgerechte Jagd sind gut ausgebildete Jagdhunde unerlässlich. Apportierhunde werden bei der Enten- und Niederwildjagd nach dem Schuss eingesetzt. Bei der Brackenjagd, der Treibjagd auf Hasen vor dem Schuss, werden Laufhunde oder jagende Hunde eingesetzt, die langsamer als Hasen sind. Erdhunde werden bei Fuchs- und Dachsbauten eingesetzt, bei der Stöberjagd und zum Nachsuchen. Um Niederwild aus dichter Deckung wie Gebüsch oder Schilf aufzustöbern, werden Stöberhunde eingesetzt.

Der am häufigsten geführte Jagdhund ist der Vorstehhund. Nimmt der Vorstehhund bei der Suche Witterung auf, unterbricht er sein Suchen und bleibt ruckartig stehen. In der Vorstehphase hebt er seinen Vorderlauf an und bewegt den Kopf in Richtung des Wildes.

Bauernregeln

Geht der Hirsch in die Brunft, so säe Korn und Vernunft.
Fangen Karnickel an zu scharren, holen die Bauern ihre
Knarren.
Kraniche, die niedrig ziehn, deuten auf warmes Wetter hin.
Scharren Mäuse sich tief ein, wirds ein harter Winter sein.
Bringt Hubertus Schnee und Eis, bleibt's den ganzen November weiß.
Röhrt im Herbst der rote Hirsch, geht der Bauer auf die
Pirsch.
Grunzt im Mais die wilde Sau, schlägt der Bauer laut Radau.
Droht der Bauer mit der Flinte, sitzt das Häschen in der
Tinte.

❧

Die Jagd

Auf steht auf
auf auf hinaus

hört Hörnerklang
Jagdgesang
der Tag bricht an und ruft

steigt der Tross
hoch zu Ross
die Jagdgewänder wehen

hört Hundgebell
wild im Ton
sie zerren an den Leinen

*Die Jahreszeiten. September. Klavierstücke von Pjotr Iljitsch
Tschaikowski. Originaltext September: A. Puschkin*

Der Herbst

Die Bauern zelebrieren tanzen singen
dass feiner Wein als Lohn die Arbeit schmück
der Felder reiche Ernte ist ihr Glück
das Fest wird tiefen Schlaf für viele bringen

Den andren mag es wiederum gelingen
jetzt aufzuhören doch die Luft ist leicht
die Jahreszeit sie einlädt, sie erreicht
ein herrlich süßer Schlaf wird sie bezwingen

Die Jäger ziehen los in Morgens Dämmern
mit Hörnern Flinten brechen auf mit Hunden
dass Wild entflieht die Zeit sie ihnen stunden

bis laute Schüsse in die Körper hämmern
das Wild verletzt versucht noch zu entkommen
doch es erschöpft sich fällt und stirbt benommen

Nachdichtung des Sonettes „Herbst" von Antonio Vivaldi zu „Le quattro stagioni"

🐎 🐎 🐎

Jagdzeit

Fürchte nicht den röhrenden Hirsch
betrittst du im Oktober den Wald
wenn ein Schuss durch die Lichtung schallt
sich dir nähert als grüne Gestalt
ein Jäger mit Hunden und lautem Geknirsch
zieh dich zurück in den Hinterhalt

Uff da Pirsch

Jäger: Hascht de schunn geheat, datt da Otto widda uff de Pirsch gett? Jetzt kräät a de Bux nimme schnell genuch zou um furtsekummen.

Bekannter: Jo? Weas glaawt gift seelisch. Mia hat it Rehlein vazeelt, datt käämt von da Biebelschesbohnesupp. Dò gääft dea wii än Scheinendrescha rinschaufeln bis a bumsfertisch wea. Dò käämt dea Voabau hea.

Jäger: Ach nä, un mia vazeelt a, ea hätt kään Lunte geroch. De Schnepfen wären schunn uff em Strich. Deswejen misst ea jetzt in fremden Revieren wildan. Ea hätt nua noch äns im Kòpp: Auf, auf, zum fröhlichen Jagen, Waidmannsheil.

Bekannter: Schwätz kään Blech! Dea un wildan. Bis dea ongestiwwelt kummt, sin die Rehcha all uff em Dach, so än Tròònfunzel wie dea iss. Watt menschde dònn, warum it Rehlein uff Deiwel kumm raus de Flunsch so hänken lisst un nix se reißen un se beißen hat?

Jäger: Jo? Is datt so än Dollbohrer? Robbt dea vielleicht Bääm aus, wo gar känn sinn?

Bekannter: Jo, jo, hätt da Hund nitt geschiss, hätt a dii Häsja vielleicht kritt.

Jäger: Gischta is a awa mett seinem Floppard em Doolewutz no gelaaf. Fascht bis voa sein Hausdia, macht der so än Affäär! Dabei hott datt Wutz awa än Äärsch wii än Brauereigaul. Iss jo ach kään Wunna. Wenn mea Aue rinn wie raus louen, gift it hekscht Zeit, dass a aach moll än Schuss abgift.

Bekannter: Jo? Nitt datt ma driwwa schwätzt, awa menschte vielleicht, datt än Bordsteinschwalw onnascht flejt als dii Atzele dahämm.

Jäger: Awei hea awa uff. Jetzt hònn aich de Plon von dia em Sack. Eascht so machen, als kinnscht de kään Wässerchen triewen und dònn vom Ledda zejn! Dia meecht aich nitt int Revia geen.

Bekannter: Aweilen gett`s awa loss. Willscht dau maich vadummbeideln, dau Fòòtsnickel dau. Von watt schwätscht dau iwahaupt?

Jäger: Ei wenn doch die Britsch vom Wutz mea heagifft als än gonz Häsjen, wären de Spatzen bei dia doch aach schnell gefòng? Muscht jo nitt fo jeden Fuchs än Luda hònn!

Bekannter: Also datt lò iss doch än dicka Hund. It Rehlein is doch kään Luda. Ach wenn die Britsch nitt so ausladend is wie dem sein Voabau.

Jäger: Moment moll, muscht nitt gleich beleidigend ginn. Dii Britsch is jedenfalls greeßa als dem sein Voabau. Dò passt jo noch nitt moll än Frischling rin.

Bekannter: Dau bischt ma jo än richtisch bucklisch Vawondschaft! Wie kònnscht dau so von a niedlichen kläänen Bloum schwätzen? Dau Dummpraddla, dau.

Jäger: Bloum? Wea hatt dònn von da Bloum geschwätzt? Mia schießen doch kään Häsja, wenn de Wildsau òm blòòsen is?

Bekannter: Also dò gifft doch da Hund in da Pònn varrickt. Jetzt gifft dò ach noch äna geblòòs. In welchem Paradies bischt dau dònn dahämm? Vielleicht in dem von Buabach?

Jäger: Wenn mein Revia än Paradies wea, kinnten dii Rehrücken bròòden, da Otto breicht kään Horrido me se roufen und aich kään Halali se blòòsen. Die gonz Meute kinnten mia uus spaaren, allen voran die Vorstehahinn.

Bekannter: Jo gäft der moll mem Schwonz wedeln! Awa nix is. Datt is än Hirsch ohne Hörna, än Plattschuss, än Blindgänga; so krejn die nii än Balg.

Jäger: Ei wat gäfscht dau dònn machen, wenn uff da äänen Seit än gonz Rott voabeitreiwt un newendròòn än durr Geiß springt?

Bekannter: Jo is it vielleicht em Rehlein sein Schuld, wenn it nix se reißen un se beißen gift?

Jäger: Nä, ma kinnt awa wenischtens än Fährt lejen, damit dii gonz Hatz nit umsunscht wea.

Bekannter: Jo? Menschte vielleicht, dass da Otto em dònn uff de Leim gehen däät?

Jäger: Da Otto, wea schwätzt dònn vom Otto. Dea doch nitt. Awa da Platzhirsch. Dea is kään Mönch.

Bekannter: Un wea is da Platzhirsch?

Jäger: Guck maich moll oon. Aich kinnt it da jo sòòn. Aich hònn noch jed Kuh kritt.

Bekannter: Awa da Otto is doch än Kamarad, än Freind! Dem sitzt ma doch kään Hörna uff.

Jäger: Dii sitzt ma sich ach nit uff, die hängt ma òn de Wònd.

Bekannter: Ach du liewa Gott. Om Änn gääfscht it ach noch ausstoppen.

Jäger: Ei watt soll it dann sunscht òn da Wònd machen? Bessa än Troffää òn da Wònd als än Wolf em Gaaten. Wat glaawscht de dònn, gääft dea mett so em Ricken machen? Bestimmt kään lòng Zicken. Dò kinnt dein Rehlein noch so wild rumspringen.

Bekannter: Awei saa nua, dau gääfscht mein Rehlein de Welf vor die Fiiß werfen?

Jäger: On so a durr Geiß gääfden se sich vor lauta Knochen wenigschtens de Zänn ausbeißen.

Bekannter: Dau bischt woll vom Lemmes gepickt. Dò fällt mia nix me in. Em beschten Freind it Rehlein ausspannen und se dann em Wolf zum Fraaß vorwerfen. De Otto muss aich unbedingt iwa dein Gesinnung uffklären un it Rehlein vor so em Platzhirsch warnen, damit it nitt in de Wald gett. Oda in dein Revia.

Jäger: Watt reecht daich dònn so uff. Rehcha geheeren doch in de Wald. Wo soll ma dònn sunscht it Wildbret herkrejn.

Bekannter: Jedenfalls nitt von meina Schweschta!

🐕

Schlammbad

Ein Wildschwein wälzt sich vor Kimme und Korn
der Jäger pirscht hinterm Rosendorn
er hält die Flinte in seiner Hand
das Wildschwein suhlt sich im Pfuhl unverwandt
es sieht nicht den Lauf in der Sonne blitzen
und bleibt gemütlich im Schlammloch sitzen
und labt sich darin und kümmert sich nicht
Ei denkt sich der Jäger welch fettes Gericht
er legt das Gewehr an die Blätter fliegen
und bleiben auf seinem Nasenbein liegen
bald triefen die Augen im Fadenkreuz
und er muss schniefen hatschi schneuz schneuz
gestört vom Gepolter erhebt sich der Keiler
und sucht sich zum Baden 'nen anderen Weiler

Wildwechsel

Ja die Wildsau war's
sie kam hinters Haus

überzeug dich
von deinen Vorräten
wenn es ans Fressen geht

Gnade verliert schnell
ihre Sprache
hast du genug zum Teilen

Das mutige Rehlein

Ein Reh mit sanften Augen
wollte als Scheue nicht taugen.
Mit ihren schlanken Hufen
erklomm sie rasch alle Stufen.

Als sie oben angekommen
war sie plötzlich ganz benommen:
da stand der goldene Bock
mit großem Geweih und Gelock!
Er röhrte inbrünstig heftig und laut.

Die Rehe lugten aus jedem Kraut.
Er schickte sie an, los zu laufen.
Die Katze im Sack wollt er nicht kaufen!
Im Nu war das scheue Feld weit versprengt.
Nur eines hatte die Hufe verrenkt.

Schweineglück

Eine Bache aus Schwarzenholz
warf sechs Frischlinge überstolz.
Kaum dass sie alle aufgezogen
wollte die Jüngste ein Keiler holen.

Viel zu früh, dachte die Bache
und legte sich des Nachts auf die Wache.
Nichts geschah sechs Nächte lang,
kein Grunzen an ihre Ohren drang.

Da klagte laut das junge Schwein,
es wollte doch kein Frischling mehr sein.
Bald wurde auch das Muttertier schwach
und lies ihre Jüngste hinunter zum Bach.

Doch ach,
was quietschte da vergnügt aus dem Schlamm?
Der Keiler war mit 'nem Frischling zusamm'.
Da grunzte das Fräulein: „Glück gehabt,
dem Schwein wäre ich fast in die Falle getappt!"

Herbstvergnügen

„Wer einen Baum pflanzt, wird
den Himmel gewinnen."
Konfuzius

Vollherbst

Fallen die reifen Eicheln der Stieleiche und die Stachelfrüchte der Rosskastanie vom Baum, hält der Vollherbst Einzug. Quitte und Walnuss reifen. Die Färbung der Blätter von Sträuchern und Bäumen im Herbst gehört zu den eindrucksvollsten Schauspielen der Natur. Je kälter es wird, desto weniger Wasser kann ein Baum aufnehmen. Die absterbenden Blätter des Baumes können im Herbst den Sauerstoff nicht mehr verarbeiten. Dafür verantwortlich ist das in den Blättern befindliche Chlorophyll, dem Blattgrün und den begleitenden gelben bis roten Karotinoiden, das sind das gelbe Xantophyll und das orange Karotin. Das Blattgrün verliert sich allmählich, die anderen Farbstoffe werden sichtbar. Dieser Sauerstoff färbt nun den im Zellsaft noch vorhandenen gelben Farbstoff rot. Gehölze mit einer kräftigen Herbstfärbung sind u.a. Amberbaum, Essigbaum, Felsenbirne, Felsenmispel, Ginkgo, Hartriegel, Japanische Zierkirsche, Zaubernuss. Die Familie der Ahorne hat ein besonders rotes Herbstlaub.

Die Blattfärbung im Vollherbst setzt zunächst bei Rotbuchen, Lärchen, Rosskastanien, Eichen, Eschen und der Selbstkletternden Jungfernrebe, dem Wilden Wein, ein. Auch Obstbäume wie Süßkirsche und Zwetschgenbaum lassen die ersten Blätter fallen. Wintergetreide wie Wintergerste und Winterroggen werden ausgesät, danach der Winterweizen. Geerntet werden jetzt Kartoffeln, Rüben, Mais, Sonnenblumen und die letzten Apfelsorten. Von 1981 bis 2010 dauerte der Vollherbst vom 22.09. bis zum 15.10., im Jahr 2017 dauerte er vom 27.09. bis 29.10. (Blattfärbung Rotbuche).

Geerntet wird jetzt auch frisches Gemüse, allen voran der Kürbis, ebenso Pilze, Weintrauben und andere Obstsorten. Der neue Wein, der Federweißer, wird mit Zwiebelkuchen serviert. Apfelwein ist ebenfalls überall zu finden. wie z. B. der „Äppelwoi" aus Hessen, der „Moschd" aus Schwaben und der „Cidre", wie er vor allem im Norden Frankreichs produziert wird. Im Saarland heißt der Apfelwein „Viez". Der Ausdruck Viez kommt aus dem lateinischen „Vice-Vinum", was soviel wie Vertreter des Weins bzw. Stellvertreterwein bedeutet.

Am ersten Sonntag im Oktober feiern Christen das Erntedankfest mit Gottesdiensten, Prozessionen oder prächtigen

Umzügen. In manchen Teilen Deutschlands ziehen Pferde oder Traktoren die Wägen, auf denen Getreide, Früchte und Gemüse aufgebaut sind. Aus Getreidehalmen werden Erntekränze oder Erntekronen gebunden. Vielerorts tragen Kinder und Erwachsene alte Trachten Mit Gesang, Tanz und gutem Essen klingt das Fest aus.

Erntefeste gab und gibt es in vielen Kulturen. Schon die alten Israeliten feierten das jüdische Laubhüttenfest. In Großbritannien wurde das Erntedankfest in der Mitte des letzten Jahrhunderts eingeführt. Seit dieser Zeit dekoriert man die Kirchen mit Getreide, Früchten, Gemüse und Produkten aller Art. Nach dem Erntedankgottesdienst werden die Produkte an Wohltätigkeitsorganisationen verteilt.

In den Vereinigten Staaten und in Kanada wird der Thanksgiving Day gefeiert. 1623 wurde während einer Dürreperiode in Neuengland ein Tag des Fastens und des Gebets begangen, aus dem sich der Brauch entwickelte, alljährlich nach der Ernte die Danksagung zu vollziehen. 1863 führte Präsident Abraham Lincoln den Thanksgiving Day als gesetzlichen Feiertag ein.

Waistrooss

Weinstraße Luxemburgs
Taverne des Lichts
im Übergrün
sonnenbefangen

Terrassen der Rebstöcke
beschatten den Hang

Trauben betrinken sich
am Spätsommer

im Haff Réimech
hüpfen Teichrohrsänger
Eisvögel stürzen in Seen

Reifzeit

Die Wiederholung
schwarzer Schwärme
dass die Wintersaat
aufgeht nach dem Wandelgang

der Beeren Reifzeit
die Keller füllt

wem ist zu danken
wenn der Wein süß schmeckt
für wen reicht die Bekümmernis
eines Mondes im Übergang

im Vollmond schlafen
wir jetzt und morgen
lehnt uns die Sichel
die Zukunft an

die Vögel werden es wissen

ॐ

Schengen

Rebenreihen
beherbstet
stürmen den Hang
sonnendurchhellt
zerfließt ihr Gelb

rotes Weinlaub
entflammt
Trauben im Trockenbrand
besüßt im Blau
in lichter Aue

Jahrmarkt

Auf dem Jahrmarkt des Herbstes
stehlen Drosseln rote Beeren
schlagen Äpfel sich die Köpfe wund
Birnenmuss lockt Käfer und Würmer
Kürbiskerne den Vogelmund

Hagebutten bitten zum Tee
im letzten Klee kleckert ein Falter
Dachse scharren die Erdhöhlen leer
verschließen sie mit Laub und Grund
bis er kommt der große Kälteverwalter

der erste Most verlässt die Fässer
in die müden Knochen
fährt ein feuchtes Leuchten
in die Mägen das Weingewässer

wer sich nichts gönnt vom Herbstvergnügen
dem wird Einsamkeit an die Schläfen pochen
und Frostaugen mit Dunkelheit rügen

❦

Tanz des Herbstes

Äpfelgedräng
wenn Grünschwäche Bäume befällt
Körbe voller Obst
Böden steinigen

Kastanien legen Feuer
an die Sammelkästen der Kinder
der Luftraum
von Drachenformen durchzogen

Ränge der Rebstöcke im Gelbbehang
Blattgold unter Trauben
rotgold füllt sich
saftsüßes Göttergetränk

Auftanzt Federweißer
aufwallt Blut
im Überlebenstraining
frühen Herbstes

Man sagt
goldener Oktober
und vergisst
wen er das Leben kostet

Kalenderblatt Oktober

Der Oktober ist voller Feste. Oktober-, Wein- und Schützenfeste, Kirchweih oder Kirmes lassen Nebel und Sturm vergessen. Während der Nacht kühlt es jetzt stark ab. Die kälter werdenden, bodennahen Luftschichten sorgen trotz schönen Wetters für dichten Nebel. Kaltluftmassen aus dem Polargebiet bringen Wind und Stürme. Kinder lassen Drachen steigen während die letzten Früchte geerntet und die Äcker für die Winteraussaat vorbereitet werden.

Am 3. Oktober ist deutscher Nationalfeiertag. Ost- und Westdeutschland wurden nach dem Ende des zweiten Weltkrieges 1990 wieder vereint.

Am 31. Oktober begeht die evangelische Kirche den Reformationstag. Am 31. Oktober 1517 protestierte Martin Luther in einem Brief gegen die Ablasspredigten von Johann Tetzel und schickte diesen unter Beifügung von 95 Thesen an den Erzbischof von Mainz und den Bischof von Magdeburg. Er stellte darin auch eine Reihe von Dogmen der römischen Kirche in Frage und wollte eine akademische Diskussion anregen. Die 95 Thesen soll er auch an die Schlosskirche in Wittenberg genagelt haben. Er wurde wegen seiner ketzerischen Aktivitäten nach Rom vorgeladen, um seine Thesen und Ansichten zurück zu nehmen. Doch dies verweigerte Martin Luther. 1520 wurden seine Schriften von papsttreuen Gläubigen in Löwen, Lüttich, Köln und Mainz verbrannt. 1521 sollte er vor dem Reichstag in Worms seine Thesen öffentlich widerrufen. Seine Antwort. „Hier stehe ich. Ich kann nicht anders. Gott helfe mir! Amen."

Die Folge: gegen Luther wurde die Reichsacht verhängt, das sog. Wormser Edikt. Unter dem Schutz von Friedrich dem Weisen, Kurfürst von Sachsen, floh er und fand Zuflucht auf der Wartburg, Als „Junker Jörg" begann er mit der Übersetzung des Neuen Testaments. 1522 wurde sie ohne Nennung seines Namens veröffentlicht. Ein weiterer Bruch mit der römischen Kirche folgte im Oktober 1524, als er seine Mönchskutte ablegte. Er heiratete 1525 die ehemalige Zisterzienserin Katharina von Bora. Das erste öffentliche Bekenntnis zum Protestantismus fand 1530 statt. Luther sandte Philipp Melanchthon nach Augsburg in den Reichstag, um seine „Confessio Augustana" zu verlesen. Luthers Übersetzungen der Heiligen Schrift wurden 1534 als erste Gesamtausgabe unter dem Titel „Biblia, das ist die ganze Heilige Schrift Deutsch" veröffentlicht. 1544 weihte er im sächsischen Torgau den ersten evangelischen Kirchenbau ein. 1555 wurde die Entstehung der neuen protestantischen Konfession im Augsburger Religionsfriede reichsrechtlich besiegelt. Martin Luther erlebte dies jedoch nicht mehr. Er starb am 18. Februar 1546 in Eisleben und wurde in Wittenberg begraben. Der Reformationstag ist gesetzlicher Feiertag in Brandenburg, Mecklenburg-Vorpommern, Sachsen, Sachsen-Anhalt und Thüringen.

Bauernregeln

Im Gilbhart räum den Garten, denn willst du warten, so kommt die Kälte und nimmt die Hälfte.
Oktober Sonnenschein, schüttet Zucker in den Wein.
Hält der Oktober das Laub, wirbelt zu Weihnachten Staub.
Bringt Oktober viel Frost und Wind, sind Januar und Februar lind.
Späte Rosen im Garten lassen den Winter lang warten.
Ist der Nussbaum früchteschwer, kommt ein harter Winter her.
Wenn im Herbst viel Spinnen kriechen, sie einen kalten Winter riechen.

Zitate

„Was abnimmt, muss zuvor gewachsen sein, das, was versagt, zuvor bestanden haben." Lao-Tse
„An ihren Früchten werdet ihr sie erkennen. Erntet man etwa von Dornen Trauben oder von Disteln Feigen?" Matthäus 7,16
„Wie ein Apfelbaum unter den wilden Bäumen, so ist mein Freund unter den Jünglingen. Seine Frucht ist meiner Kehle Süße. Er labet mich mit Äpfeln, denn ich bin krank vor Liebe." (aus dem Hohelied Salomons)
„Das Gras verdorrt, die Blume verwelkt, aber das Wort unseres Gottes bleibt ewig bestehen." Jesaja 40,8
„Nur Aufgebautes kann man niederreißen. Vor dem Empfang muss das Geben stehen." Lao-Tse

Oktober

Noch Grün durchmischt mit Rot und Gold Belaubtes.
Das Asphaltgrau gewinnt an Herbstes Farben.
Er streckt den Arm. Es ziehen Astes Narben
den Grat in uns're Seel', der Schwerespur Erlaubtes.

Und bricht und flieht der Stimmen jäh Ertaubtes,
verwaisen Nester und die Kronen darben.
Wo Klänge hell und zärtlich sie umwarben
zerstäubt das Licht, des Himmelszeig Geraubtes.

Der Regen fällt, er prasselt auf die Scherben.
Was lange Zeit gereift wird müh'los sterben.
Wo Rosen blüh'n muss vor dem Duft verneigen

die letzte Stunde sich vor dem Entfärben.
Ein grauer Tag wird ihren Tod beerben.
Und was Bestand gehabt, das wird sich zeigen.

❧

Herbstlied

Laub fällt
bedeckt den Erdenschrund

arm steht
der Garten Leere

die Blätter legen sanft
ihr letztes Gelb zu Grund

Die Jahreszeiten. Oktober. Klavierstücke von Pjotr Iljitsch Tschaikowski Originaltext: A. Tolstoi

Abenteuer Herbst

Herbst, Jahreszeit der Abenteuer, der wechselnden Wetter, des Drachenflugs, der Kartoffelfeuer, der Martinsprozessionen. Wenn wir als Pioniere, Pfadfinder oder Höhlenkinder unterwegs waren, erklärten wir das Heimliche der Dämmerung zum Unheimlichen.

Damals grenzten an das Ende unserer Straße, sie war eine Sackgasse, endlos weite Wiesen an. Sie gehörten meist zu den jeweiligen Grundstücken der gegenüberliegenden Straßen und waren in Privatbesitz. Die Straßenseiten trennte der Ellbach, der seine Wasserarme zwischen die einzelnen Parzellen streckte. Die Gräben markierten die Grenzlinien der Grundstücke und dienten der Entwässerung. Nicht jeder fand es lustig, dass Kinder sich darin tummelten und die Landschaft durchforsteten. Vor aufgebrachten Hausbesitzern mussten wir uns oft in Acht nehmen und manchmal sogar verstecken.

Im Herbst durchstöberten wir die Wiesen, brachen Äste ab, schabten trockene Blätter zusammen und häuften daraus eine Feuerstelle. Zündhölzer hatten wir immer dabei. Wir spielten Indianer am Lagerfeuer, ein größerer hohler Halm diente als Friedenspfeife.

In der sumpfig feuchten Wiesenlandschaft stand das Regenwasser meist tief in den Gräben. Einige waren so breit, dass wir darüber hinweg springen mussten. Hin und wieder verlor einer von uns einen Schuh im Graben. Alle begannen zu suchen, denn ohne Schuhe konnte sich von uns niemand zu Hause blicken lassen. Das Geld war vor dem deutschen Wirtschaftswunder in jeder Familie knapp. Für Herbstschuhe wurde das halbe Jahr gespart.

Wer als mutiger Pionier angesehen sein wollte, musste den Ellbach überqueren. Das geschah so: wir kletterten an Ästen, die vom gegenüberliegenden Bachrand hinüber wuchsen, auf die andere Seite oder schwangen uns mithilfe eines abgebrochenen Astes, der als Stab diente, hinüber. Irgendwann landete jeder von uns im Wasser und lief mit nassen Kleidern nach Hause. Die Eltern schimpften kräftig, es gab Hausarrest. Das störte uns wenig. Der elterliche Zorn konnte uns nicht davon abhalten, erneut auf Entdeckungstour zu gehen, wenn wir wieder zusammen waren.

Im Oktober sammelten wir wie alle Kinder Kastanien, um daraus in der Schule kleine Männchen zu basteln. Eine ganze Galerie versammelte sich auf den Fensterbänken des Klassenzimmers. Am liebsten schnitzten wir aus Rüben Lichtgespenster. Damit erschreckten wir in der Dämmerung Erwachsene. Während unser Lehrer uns die Blattformen der einzelnen Bäume und die Früchte des Herbstes erklärte, dachten wir daran, wo wir das nächste Lagerfeuer abhalten konnten. Denn nur im Herbst waren die Halme trocken genug, um zu dampfen und zu kokeln.

Heute sind große Teile der Wiesen zu Bauland geworden. Eine Seniorenresidenz steht auf unserem ehemaligen Revier und der Ellbach droht zu vertrocknen.

❧

Lichthöhlen schnitzen
Kinder aus Runkelrüben
Gespenster der Nacht

❧

Dämmerung bricht an
Lachen gellt durch die Straßen
Geistergeschichten

❧

Letzte Feldernte
Kürbisköpfe funkeln auf
scharfes Gemetzel

Im Garten

Ich grabe meinen Garten um
im aufstrebenden Oktober
versetze Statuen und Monumente
als wäre er ein öffentlicher Park
bewundert begehrt ersehnt

Dabei wachsen nur widerstandsfähige Pflanzen
bieten Käfern und Insekten
Unterschlupf im Unterholz

Das ist der Herbst aller Dinge:
säubern ausputzen zurückschneiden
Laub aufhäufeln und schäufeln
über empfindliche Hölzer
Zwiebeln setzen und Knollen bergen

Vor dem Frost rüste ich noch einmal auf
mit allen Farben die meine Augen finden
Winterheide Astern Georginen
versorge die verbliebenen Gartenbewohner
mit Futterhäuschen und Wassertränke

jetzt wo grün auf dem schwarzen Boden
sich mit rot und gelb vermischt
hat die Rose ihr Haupt geneigt

sie verschweigt alle Gespräche
und vertagt sich mit Hagebutten
ins nächste Jahr

❧

Zeit der Stille

„Es gibt eine Stille des Herbs-
tes bis in die Farben hinein."
Hugo von Hofmannsthal

Herbst der rauen Blätter

Ist dies der Herbst der rauen Blätter, der Hagel speit -
Kieselsteine auf dunklen Wegen
deiner Landschaft – wer wird sie hegen,
wenn die Verwüstung (vom Rausch befreit)
die Stellen trocken legt, wenn Verwirbelungen sich regen,

den tief verhang'nen Himmel aufzuwinden,
um das Verlor'ne, Fortgestob'ne aus der Zeit
in neuem Samen fortzutragen; verwelkter Schönheit
Leere, Schwere, in Düften zu überwinden,
einmal noch schweben voll süßer Trunkenheit.

Wie leis sie fällt, Wehmut stiller Träume,
erfüllt von Glanz, der zaghaft sich löst
vom letzten Sonnentand, dass sich aufbäume
die Flut der Fülle, der Traubensäfte Schäume,
bis Abendrot dir sanften Schlaf einflößt.

❧

Zahlwerk

Wen wurmt die Fäulnis
wenn sie üppige Reife befällt

Sonnentaler hat sie gekostet
Handwerk und allerlei Hilfsmittel

kennst du den Zweitaktmotor
Handwerk und allerlei Hilfsmittel

Scheune und Futterhaus
Handwerk und allerlei Hilfsmittel

Nein willst du sagen
weil du bist
Sandwerk und keinerlei Hilfsmittel

Im dunklen Fall

Im dunklen Fall fällt der Himmel über Nacht
dämmert Licht das aus Fenstern stäubt
Laternen brennen so falb so fahl
unter Sternen eine Sohle ins Tal

die Höhle des Schlafs legt sich tiefer dazu
mein Traum will nicht träumen was ich träum'
wärme mich wenn schon der Himmel fällt
wenn wir wachen am Rand stummer Qual

wenn wir weinen im Schlaf weil der Himmel fällt
weil die Sterne ertrinken im Grund
wenn der Morgen bellt wie ein wunder Hund
flaggt der Mond das Sonnensignal

flaggt und zieht sich zurück hinters Wolkengebräu
das dies Dunkel uns kühl hinterlässt
bis perlender Tau die Wärme nässt
wärm mich wieder im hellenden Lichterfest
vor dem Spiel um Kopf oder Zahl

❧

Lautsprecher am Himmel
Zickzacklinien aus Federn
Fernweh denkt der Regenwurm

Das tägliche Geleit

Der Zug kommt aus dem Nebel
grau verwüstet ungeniert

abzählen wie viele er mitnimmt
in seinen Waggon setzt für die Ewigkeit

Mütter halten die Kinder fest
vor der unscharfen Nachtgestalt

es ist der gleiche Zug
es ist die gleiche Zeit
jeden Morgen aus dem er auftaucht

es sind gleich viele Menschen
die sich in seinen Waggon setzen
jeden Morgen um die gleiche Zeit

nimmt er Fahrt auf
für das tägliche Geleit
ins Namenlose

☾

Blätterasche
spuckt das Feuer
und der Schmelzofen der Berge:
kadmiumrot, kobaltblau, zinkgrün.
Gratwanderung auf der Höhe der Nacht.

War es der Sturm

War es der Sturm, dass Bild an Bild
sich reihte? Mir blühte einst die Frucht
am Lebensbaum. Spatzen auf Ästen wild
wippten voll Gier, nimmersatt. – Das Straßenschild
im Nebel mahnte: es gilt,
Besamung der Blüten sichert erst die Zucht.

Und doch: Wie oft wollt ich ernten vor dem Reifen,
zum Schrecken des Frühlings, ungeduldig, müd,
wie oft mir die verbrannte Haut abstreifen,
wie die Vögel dort schaukeln, tanzen, pfeifen,
schon verletzt nach dem Notausgang greifen,
dass der ganze Tag wie ein Sonnenaufgang glüht.

Ach Leben: Um was du mich gebeten
vergaß ich – manches mal im Licht –
matt und leer. Die aufgesteckten Ziele verwehten
vor meinen Augen, hofften doch auf mich, flehten
um Besinnung auf die Pflicht.

Die Bilder flogen rasch an mir vorbei,
trieben wie Wolken, tobten in Gewittern.
Das Wahrhafte blieb, brach nicht entzwei.
Ohne das Glühen wurde ich wieder frei
und staunte über vollgehangene Zweige dabei.
Die abgefallenen Früchte am Boden verwittern.

❧

Novembernebel

Nebeldunst. Das Schattenprisma als entartete Kunst
unter den Scheffel der Dämmrung gezogen.
Kältefahnen steigen auf zum Bogen,
feuchter Hauch aus Wolkes Inbrunst.

Krähenruf. Hexenvögel krakeelen den Groove
magischer Landschaft aus den Logen
der Beerenauslese. Ist ihr Champagner von den Dogen
der Lüfte getrunken, danken sie dem, der sie schuf.

Blätterfall. Hinter dem Milchglas röhrt der Hall
brunftiger Hirsche ins Schattengericht.
Der Platzhirsch den Kampf mit Rivalen ausficht.
Gehörne krachen und knacken vor dem Fall.

Regenschauer. Das Schwarzwild suhlt sich mit Hauer
vergnügt im aufgeschwemmten Schlamm brauner Lachen.
Sie schnüffeln nach Trüffeln wie hinter rauschigen Bachen,
bis es aufhellt. Die Kälte wird flauer.

❧

Schattenströme

ertränken die Gipfel
Krähenhügel schreien sich still,
die Nacht, schlaflos, fällt ins Bett
Herztöne beten sich müde.

Kalenderblatt November

Das letzte Herbstlaub beginnt zu fallen. Nebel, Stürme und Wind lösen die letzte Hochdruckwetterlage, die sog. „Allerheiligenruhe" ab. Der althochdeutsche Name ist Nebelung. Der Vorabend von Allerheiligen heißt auf englisch „All Hallows' Eve". Hallowe'en ist eine Zusammensetzung des Wortes mit „Christmas Eve", der englischen Bezeichnung für Weihnachten. Die Bräuche zu Halloween sollen der Legende nach aus keltischer Zeit stammen. Samhain, das keltische Neujahrsfest, soll dem Todesfürsten Samhain gewidmet sein. Es soll als das Fest für die Gottheit der Toten begangen worden sein. Diese Gottheit erlaubte den Seelen der Verstorbenen des jeweiligen Jahres, an diesem Tag zurückzukehren. Um sie zu besänftigen und böse Geister abzuwehren, wurden Opfer gebracht, Zaubersprüche und Magie praktiziert. Historisch gelten diese Annahmen jedoch als nicht gesichert.

Die katholische Kirche begeht am 1. November das Hochfest und die lutherischen Kirchen das Gedenkfest Allerheiligen. Papst Gregor IV. setzte das Fest 835 ein. Es wird an die vom Papst selig und heilig gesprochene Männer und Frauen gedacht. Allerheiligen ist in Baden-Württemberg, Bayern, Nordrhein-Westfalen, Rheinland-Pfalz und Saarland ein gesetzlicher Feiertag. Außerdem in Österreich, Liechtenstein, Luxemburg und in den katholisch geprägten Kantonen der Schweiz.

Am 2. November ist Allerseelen, eingeführt vom Abt Odilo von Cluny im Jahr 998. Katholiken entzünden ein Seelenlicht als Symbol für das Ewige Licht auf den Gräber ihrer Verstorbenen. Gebete, Fürbitten und Eucharistie sollen zur Vollendung der Toten in Gott beitragen. Blumen und grüne Zweige symbolisieren die Hoffnung.

Der 11. November ist dem Bischof von Tours, dem heiligen Sankt Martin, gewidmet. Auf Wunsch des Vaters musste er mit 15 Jahren in den Soldatendienst eintreten. Am Stadttor von Amiens begegnete er hoch zu Ross einem frierenden Bettler, dem er die Hälfte seines Mantels gab. In der folgenden Nacht ist ihm Christus erschienen. Er hatte ihn auf die Probe gestellt. 371 wurde er auf Drängen des Volkes aufgrund seiner asketischen Lebensweise und Fürsorge für die Armen gegen das Votum einiger Bischöfe zum Bischof von Tours geweiht. Zum Brauchtum gehört das Basteln von Laternen für den Martinsumzug, die Martinsbrezel und das Zubereiten der „Martinsgans". Nach dem Umzug lodert das Martinsfeuer. Der Heilige Sankt Martin ist der Schutzheilige von Frankreich und von Ungarn (2. Patron), des Eichsfelds in Thüringen, des Kantons Schwyz, des Burgenlandes, der Stadt Salzburg (2. Patron) der Stadt Düsseldorf; der Soldaten, Kavalleristen und Reiter, Polizisten, Huf- und Waffenschmiede, Weber, Gerber, Schneider, Gürtel-, Handschuh- und Hutmacher, Tuchhändler, Ausrufer, Hoteliers und Gastwirte, Kaufleute, Bettler, Bürstenbinder, Hirten, Böttcher, Winzer, Müller; der Reisenden, Armen, Flüchtlinge, Gefangenen und der Abstinenzler; der Gänse; gegen Ausschlag, Schlangenbiss und Rotlauf; für Gedeihen der Feldfrüchte; der Bistümer Mainz, Rottenburg und Eisenstadt.

Im November begegnen wir der Vergänglichkeit des Lebens auf natürliche Weise. Vergehen, um auf neue Weise später wieder aufzublühen, ist die Weissagung der Schöpfung. Den Verlust von Menschen verarbeiten wir in der Trauer. In den November fallen mehrere öffentliche gemeinschaftliche „Trauertage".

Zwei Sonntage vor dem 1. Advent ist Volkstrauertag. Kränze werden niedergelegt, an zentralen Gedenkstätten wird die Nationalhymne gespielt. Das stille Gedenken an die Gefallenen des Krieges und Opfer von Gewalttaten endet traditionell mit dem Lied „Der gute Kamerad".

Der letzte Sonntag vor dem 1. Advent ist der Totensonntag. Die Erinnerung an die Verstorbenen und das ewige Leben stehen im Mittelpunkt.

Bauernregeln
Wenn's im November blitzt und kracht, im nächsten Jahr der Bauer lacht.
Ist's zu Allerheiligen rein, tritt noch Altweibersommer ein.
Bringt Allerheiligen Sonnenschein, tritt ein schöner Nachsommer ein.
Allerheiligen klar und helle, sitzt der Winter auf der Schwelle.

Allerseelen kalt und klar, macht auf Weihnachten alles starr.
Wenn die Martinsgänse auf dem Eise geh'n, muss das Christkind im Schmutze steh'n.
Wenn um Martini viel Nebel sind, so wird der Winter meist gelind.
Ist um Martini der Baum schon kahl, macht der Winter keine Qual.
Wenn`s Laub nicht vor Martini fällt, kommt eine große Winterkält.
Versteckt sich Martin hinter Nebelschwaden, sind die Januarwolken meist mit Regen beladen.

Zitate
„Ich bin nackt gewesen und ihr habt mich gekleidet." (Matthäus 25.35)
„Was ihr getan habt einem von diesen meinen geringsten Brüdern, das habt ihr mir getan." (Matthäus 25.41)
„Was man mit Gewalt gewinnt, kann man nur mit Gewalt behalten." Mahatma Gandhi

Auf der Troika

Siehe nicht auf den Weg zurück
voller Traurigkeit voller Kümmernis

lauf der Troika nicht einfach hinterher
und betäube schnell was dein Herz beschwert

sorg dich nicht sei nicht ruhelos
lass für immer los was dir Licht verwehrt

in der dunklen Nacht spür dem Leben nach
und vergiss das Leid wenn es zu dir sprach

Die Jahreszeiten. November. Klavierstücke von Pjotr Iljitsch Tschaikowski   Originaltext: N. Nekrasow

November

Das Rotbraun der Eichen entkommt den Fichten.
Geronnen die Schatten, entweichen. Im Dunkel
verfängt sich Geschichte. Das laue Gemunkel
der Wolkenfusionen die Stunden richten.

Und karge Gewächse üben stummes Verzichten.
Ein Zeichenbanner nebelt düster Gefunkel,
schal über die Stämme, brennt Furunkel
in Regionen der Schatten, wächst das Verdichten

der Blättergruft. Zeit ohne Mitleid waltet
im Laub der Vergängnis. Kältebruch spaltet
die Geographie Landschaft. Reißen die Tage

Kalender in Stücke, quälen sich Woche
für Woche verlorene Geister. Gekroche
verbliebener Kreaturen im Windgelage.

Meine Hände
griffen nach deinen
deine Finger
lagen warm in meiner Hand
Ich pflanzte eine Weide
Unter ihrer Trauer
ruhe ich aus

Zeit der Stille

Fast kahl geweht erstarrt Gehölz der Zweige.
Im Astwerk schwingt Novembers kühle Seele.
Kein Blütenstaub und keine Vogelkehle
im Nass verbleibt. Der Wärme letzte Steige

Gewölk zersprosst. Das Licht geht still zur Neige,
es flüstert noch, dass bald das Helle fehle,
doch auch das Grau den Wandel nicht verhehle,
der sich vollzieht, wenn es nun schweige.

So bricht der Tag mit seinem Aufbegehren,
versinkt im Tun und lässt die Zeit entfließen.
Die Hände ruh'n im Schoß der Nacht, verließen

des Eiferns Weg. Den Schatten sich erwehren
der Kamine Knistern, dass wir genießen
das Stundenwort, die Stille zu erschließen.

☾

Manchmal

steht sie still. Zeitlose Uhr.
Zurückgehende Gedanken und
bebilderte Sekunden. Das Fragen
Warum und Wie und Wo.
Ohne Antwort das Umdrehen.
Nur die Zuversicht,
dass es weitergeht.
Irgendwie.

Dein Lächeln

Wenn nur dein Lächeln
mir bliebe
der Rückhalt
deiner bunten Augen
die Farbe deiner Haut

unerklärlich
die blinde Umarmung der Nacht

über dein Haar
weht schon der Wind

❧

Viele Menschen werden geboren,
um doch nicht zu leben.
Um die Wiedergeburt zu erlangen,
bedarf es eines langen Weges.
Mancher stirbt sein Leben lang.

❧

Nichts bleibt unverändert.
Nur das ewige Wechselspiel
Geburt und Tod.
Doch wenn mitten im Leben
dich einer verlassen hat,
bleibt die Welt
für eine Weile stehen.

Spurensuche

Der Himmel brennt, er schneidet Feuerschluchten.
Allee des Lebens, du ziehst so rasch vorüber,
wirst unverhofft zum schnellen Herzbetrüber.
Die kalte Kraft beginnt im Tag zu wuchten.

Und in den letzten aufgehellten Buchten
verglimmt der Docht als treuer Nasenstüber.
Der weiße Rauch legt sich als Schutz darüber
im Augenblick des Abschieds aller Fluchten.

Was jetzt vergeht, ergibt sich bald in Spuren.
Ich suche mich, ich suche dich zu finden.
Ein später Zweig will unsren Baum umwinden.

Den Totentanz vollführen schon Auguren.
Wo meine Hand in deiner Hand uns bindet,
verliert das Grau, der Sterbeton, er schwindet.

৯

Du kannst sein
wenn du sein willst.
Du kannst sterben,
wenn du nicht sein willst.
Nur stirbst du
dann nicht allein

Überreste

Aus der schönen Zeit, schreibt mir ein Bekannter,
seien die getrockneten Rosen auf dem Klavier
und die verpackten Bilder auf dem Dachboden geblieben,
da oben, wo sie keiner mehr sah, sehen wollte.

Die Teppiche der Großmutter seien abgeholt,
all ihre Sammlungen im Keller verstaut,
die letzten ihrer Utensilien auf dem Flohmarkt
angepriesen. Sie hätten hohe Preise erzielt.

Jetzt entrümpele er seine Eigenheiten,
obschon die restlichen Überreste der Dahingegangenen
das Haus verstopfe. Doch trennen könne er sich nicht davon.
Dafür müsse er seine Überreste zu Grabe tragen.

Allem voran sein Glaube an die Erneuerung
und die Unwichtigkeit des Unwichtigen.
Gerade diesem gehöre seine ganze Aufmerksamkeit.
Denn könne das von niemandem Gesehene
unbemerkt vernichtet werden? Aus Gedankenlosigkeit,
aus Desinteresse, aus Unwissenheit?

Könne man dieses Vernichten vernichten?
Das Nicht-sehen-und-hören-wollen?
Wenn er seine Überzeugungen nun
beerdige, dann nur aus Liebe.

Aus welcher Liebe, fragte ich ihn?
Worauf er zurück schrieb,
aus Liebe zu den kleinen Dingen des Lebens.
Schließlich sei das Große lediglich
eine Anhäufung des Kleinen.
Und diese unwichtigen Kleinigkeiten
gestalteten sein ganzes Haus.

Das Testament

Krank war sie gewesen. Todkrank. Seit zwei Jahren.
Jeder ahnte, dass es bald zu Ende gehen musste,
jeder hoffte, dass es schnell vorüberginge,
jeder wusste nun, dass es vorüber war.
Gestern kam die Nachricht.
Unverhofft und erwartet vom Tod der Tante.

Vorbei ihre Nörgeleien und Sticheleichen,
vorbei die ewige Besserwisserei
und die moralischen Belehrungen,
die spendable Gönnerin dahin gerafft.

Wie gut, dass das Beerdigungsinstitut alles regelte,
die Sargauswahl, die Grabbestellung, den Grabstein,
die Grabesrede, das zu Grabe tragen.
Ihr zu Ehren wurde der Kaffee getrunken,
der Kuchen gegessen, sich von ihr verabschiedet,
ganz in Trauer gehüllt. Ehrlich und unverdrossen.

Im schwärzesten Schwarz erschienen sie,
die Schwester, der Bruder, der Neffe, die Nichte
und ihre Männer, Frauen und Kinder.
Haltung behielten sie, als der Notar das Siegel aufbrach,
das Testament öffnete und das Vermächtnis verlas,
das die Tante geschrieben hatte,
dass sie alle doch so sehr geliebt habe,

dass der verheiratete Sohn ihrer ältesten,
bereits verstorbenen Schwester eine Geliebte habe
und sie ihm deshalb nichts zu hinterlassen vermöge,
aus verständlichen Gründen,

dass die Tochter ihres Bruders eine nichteheliche Tochter habe
und sie ihr deshalb nichts zu hinterlassen vermöge,
aus verständlichen Gründen,

dass ihre jüngste Schwester
ihre Mutter nicht ordentlich gepflegt habe

und sie ihr deshalb nichts zu hinterlassen vermöge,
aus verständlichen Gründen,

dass der Sohn ihrer jüngsten Schwester schwul sei
und sie ihm deshalb nichts zu hinterlassen vermöge,
aus verständlichen Gründen,

dass ihr Bruder das Lieblingskind ihrer Eltern war
du sie ihm deshalb nichts zu hinterlassen vermöge,
aus verständlichen Gründen,

dass die Familie heilig sei
und sie ihrer deshalb nichts zu hinterlassen vermöge,
aus den genannten Gründen,

dass sie ihr gesamtes Vermögen
dem Kloster Lebensbronn vermache,
damit die Gefallenen dort eine Zuflucht
und zur heiligen Familie zurückfinden könnten.

Erst als die Schwester Oberin
die Annahme der Erbschaft bekundete
und sogleich verkündete, dass das Geld
den nichtehelichen Kindern von Priestern
und Nonnen zu Gute kommen sollte,
erstarkte der Groll über die verstorbene Tante,
die alle so sehr liebte.

Die Schwester, der Bruder, der Neffe, die Nichte
und ihre Männer, Frauen und Kinder atmeten tief durch
und endlich empfanden sie Erleichterung darüber,
dass die Tante nach langem, schwerem
Leiden von ihnen gegangen war.

ꝑ

Der große Schatten

Er war ihr Ein und Alles gewesen.
Sie verherrlichte, bewunderte und
verhätschelte ihren geliebten Mann,
schenkte ihm Kinder und hielt ihm
den Rücken frei.

So geschah es,
dass der Erhabene Karriere machte
und eine Sprosse nach der anderen erklomm.
Er wurde groß, größer, am größten
und sie wurde klein, kleiner, am kleinsten
und verschwand ganz
in der Größe seines Schattens.

Schließlich war der Schatten so schwarz,
dass das Licht sie blendete
und sie nichts mehr sehen konnte,
außer jener Schwärze,
dass diese Schwärze sie am Tag einholte
und irgendwann jedes Licht erlosch.

Eines Tages beschloss sie,
endgültig aus seinem Schatten zu treten
und tauschte das Schwarze seines Schattens
mit dem Schwarz des Menschenlosen.

Für einen Moment erstrahlte ihr Licht
und der Schatten ihres geliebten Mannes verschwand.

ॐ

Auf der Rückseite des Todes
läuft die Zeit ins Ewige

des Lebens Abriss
schreibt die zerbrechlichsten Blätter

Fasern des nicht Wiederholbaren
zerbröseln in der stillen Gewalt

zwischen den Fingern der offenen Fragen
treibt uns der Wind
bis wir wieder sind

wie Kinder
deren Drachen aufsteigen

im Rausch der Farben wandeln wir
bis an den Rand unseres Rahmens

fest steht er auf dem Berg
durchlässig für ein Geschick
das du nicht kennst

CR

Wer will schon wissentlich
den Tag durchschreiten
wenn die offenen Fragen der Nacht
aus allen Wolken fallen.
Schattenschritte gehen voran.

Staubkorn

Lass mich im Moos, im Moos der Wiese ruhn,
in Deiner Schöpfung wildem Garten,
lass mich hier nicht länger warten.

Lass mich im Grund, im Grund zu Staub zerfallen,
dass fruchtbar wird das Samenkorn
und reifen kann zum Lebenssporn.

Lass mich zu Dir, zu Dir in Deine Nähe,
Du Allerhöchster am Altar,
mich Dir hingeben ganz und gar.

Lass mich im Moos, im Moos der Wiese ruhn
und nimm mich auf in Deinen Garten,
erlöse mich im Offenbarten.

Lass mich in Deiner Liebe sein.

සො

Wär auch der Tod
dein Freund
sterben müsstest du

Stilles Leben

Verwitterte Felsbrocken
Stühle aus Stein
auf der Parkterrasse

Arena der Zeder
nahe der Martinskirche
die Stille wiegt
über Grabstätten

hinter der Mauer
das Denkmal der Gefallenen
letzten Jahrhunderts
mahnt
mit staubigen Augen

im Blätterfall
stöbern Standvögel

Martinskirche in Püttlingen-Köllerbach

Auferstehn

Drapiere den Morgen
in heiliges Blau
Stufe zu Stufe ein Himmelreich

erklimme atemlos
erste Sprossen
verletze mich
am gradlinigen Schnitt
der Fugen

leugne den Schmerz
der die Hoffnung nimmt
aufzuerstehn
nach dem täglichen Fall

suche das Licht
es hinauszutragen
aus der Verstrickung
es hinüberzuretten
in den Garten
wo der erntet
der nicht sät

☼ ☼ ☼

Feiertag

Was bist du mir,
mein liebes Land,
das einst sich selbst begrub:
masochistische Heimat,
entrückter Traum,
politisches Allerlei.

Wenn die Einheit eint,
singen alle das Deutschlandlied.
Jeder Einheitstag ein Gedenktag
für die Ermordeten, Gefallenen,
Vergewaltigten, Vertriebenen.

Nationale Feiertage,
mit Blutschrift geschrieben,
ins Heldenhafte überhöht,
mit Paradigmen chiffriert,
im Völkischen gebannt.

Menschenfeiertage,
unerschütterliche Hoffnung,
Glaubensfrage,
Zukunftsvision,
in Menschenliebe verrannt.

Spätherbst

„Wie ein Weg im Herbst: Kaum
ist er rein gekehrt, bedeckt er
sich wieder mit den trockenen
Blättern." Franz Kafka

Spätherbst

Sobald die Rosskastanie ihr Laub abwirft und der Nadelfall der Europäischen Lärche beginnt, ist der Spätherbst eingetroffen. Auch die Eberesche und viele Laubbäume verlieren das Laub, die Blätter der Stiel-Eiche verfärben sich. Die Ernte ist eingebracht, Winterraps und das Wintergetreide geht auf. Die letzten späten Apfel- und Birnensorten können gepflückt werden. Zuckerrüben werden noch vereinzelt geerntet. Das Farbenfeuer des Herbstes verblasst. Das letzte Laub hat sich gelöst und lässt sich zeitverzögert durch die Luft treiben. Andere Bäume halten hingegen über Winter noch einige letzte Blätter fest. Es knittert im Herbstwind. In kahlen Bäumen tropft unaufhörlich der Nebel. Tristesse kehrt ein, Melancholie liegt in der Luft, es wird immer stiller. Wenn das Licht in die Dämmerung übergeht, erscheinen Spukgestalten, die lautlos durch die Landschaften schweben, Waldgeister, die im Unsichtbaren Zuflucht suchen. Im Wald riecht es intensiv nach Moder und Fäulnis. Der Spätherbst beendet mit dem Ende des Blätterfalls sein Farbenspiel. Die Vegetationsruhe beginnt.

Wenn der erste Frost kommt, endet die Feldarbeit. Das Leben zieht sich zurück. Die Nächte werden jetzt täglich drei Minuten länger. Der erste Advent fällt häufig auf den letzten Sonntag im November. Die Zeit der Erwartung beginnt. Von 1981 bis 2010 dauerte der Spätherbst vom 16.10. bis 03.11. Im Jahr 2017 dauerte er vom 15.10. (Stieleiche herbstliche Blattverfärbung) bis 4.11. (Stieleiche Blattfall).

Bauernregeln
Wenn im Spätherbst sich Mücken zeigen, folgt ein gelinder Winter.
Blühn im November die Bäume auf's Neu', dann währet der Winter bis zum Mai.

Zitate
„Wer stirbt, erwacht zum ewigen Leben". Franz von Assisi
Herbstnacht hat sieben Sonnen. Aus Estland
„Bis zum Ende ihres Lebens lernen Blätter das Fliegen". Dr. Hanspeter Rings

Spätherbst

Hoch steht die Sonne im Rotreif
ringt um die Kraft letzten Feuers

was bleibt wenn Weißfrost Äste entlässt
die nicht unter der Last gebrochen

die frierende Landschaft zittert Eisblumen vor
mit gestochen scharfen Bildern

mir fasst eine kalte Hand
in die Brust

❧

Schwanengesang

Kupferwurf der Sonne
Schattenfall
Rotlicht
im Regenrost
zugeblättert
brauner Harsch
ehe Winterschläfer
das Unterholz besiedeln

all meine Schwäne
wildern über die Hügel
fliegen auf weißen Flügeln
den Glast aus
den das Dämmern übrig ließ

Schattenherz

Ein letztes Blatt vergisst sich in den Ästen.
Es bleibt zurück und bindet Lebensklänge.
Im frühen Frost verhärten die Gesänge.
So spröde klingt und rüttelt an den Kästen

der Vögel blind, als sei's zum Wintertesten,
ein kalter Hauch. Er schüttet Nebelfänge
auf's kahle Land, verschließt die hellen Gänge,
ein Schattenherz, es schlägt in weißen Festen.

Und von den Thronen Eis beglänzter Seelen
fällt alles ab, was lastet und was rostet,
was längst verbraucht und zehrt und Kräfte kostet.

Kein Augentrost, die Wärme wird mir fehlen.
Ein liebes Wort, ein lang vertrautes Lächeln
ersehn' ich mir, dein Stern wird es mir fächeln.

୬

Nebelfäden
verhängen die Äste

unter der Blätterfäulnis
harren Käfer verworren

Zweige lichtvergessen
knarren ins Gefeucht

die Morgenkehle
hackt leere Töne ins Land

Alter jüdischer Friedhof
SAARBRÜCKEN

Hoch hallen die Stadtgeräusche
schlagen gegen die Straßenwand

deren Echo im Stern
des gealterten Gemäuers vibriert

an diesem Ort der Ruhestätte
ist die Mauer ein letzter Schutz
durchlässig für eine Sprache
die hier kaum noch jemand spricht

das Öllämpchen verlor längst
seine Flamme in der Verwitterung
im Morast der gefallenen Blätter
wühlt ein kleiner Vogel

Die das Tor aufschließen
suchen nach Gräbern
wo Steine wie Seelen sind

Rotstaub blättert
im Frühlicht haucht Tau
Silbergespinste übers Gras
Taubenschrei aus den Höhen
über dem Herbstwald

Steinstraßenzeit

Herbst wildert
wieder im Geäst.
Buntblättrig die Beute
des letzten Sommers.

Kletterpflanzen halten noch
an Lärmschutzwänden.
Hier und da ein Blick
auf bepflanzte Kohlehalden.

Auto um Auto der Baumfall
und der Aufstand der Feldmäuse
gegen die Steinstraßenzeit.

Vögel versammeln sich.
Schweigen ist ihre
Hinterlassenschaft.
Wintergäste bleiben.

Manchmal verirren
sich Menschen auch.

Die Köllertalbahn

Fahren einfach abfahren
fortfahren aus alten Bahnhöfen
im Hörgedächtnis Trillerpfeifen
Schaffner in Uniform heben
die Kelle zur freien Fahrt

zischen spucken rauchen
Dampf ablassen über den Schienen
vor Augen Nebelfahnen
in der Luft Kohlegeruch
mit Steingeschmack

ich winke der Zeit nach
die hinter mir liegt
das Stahlross schnaubt quietscht
langsam rollen die Räder
sich in Schwung takten
den Rhythmus der Zugzeit

letztmalig einfahren
Rückzug ins Gleiswerk
abgestellt ausgestellt
im Wartesaal in meinem Kopf
Hämmern Stampfen Rufe

❧

Das tägliche Geleit

Der Zug kommt aus dem Nebel
grau verwüstet ungeniert

abzählen wie viele er mitnimmt
in seinen Waggon setzt für die Ewigkeit

Mütter halten die Kinder fest
vor der unscharfen Nachtgestalt

es ist der gleiche Zug
es ist die gleiche Zeit
jeden Morgen aus dem er auftaucht

es sind gleich viele Menschen
die sich in seinen Waggon setzen
jeden Morgen um die gleiche Zeit

nimmt er Fahrt auf
für das tägliche Geleit
ins Namenlose

Regenlied

Regen stirbt
so leicht so sacht
versprüht sich ohne Zag
Regen stirbt
entweicht entfacht
das Licht im stillen Tag

es zerstreut sich
verfängt sich ganz im Wind
hebt sich hoch hinaus hinfort
es verdunkelt
bald fällt es tief hinab
Regentropfen lösen sich
sich zerstörend
verströmen sie sich blind
suchen nach dem Zufluchtsort

Regen stirbt
so leicht so schwach
versickert ohne Klag'
Regen stirbt
ohn' Weh ohn' Ach
rinnt feuchter Niederschlag

Sturmwind

Wind nähte das Herbstkleid
mit stürmischem Zwirn
legte einen Blätterteppich
über die Löcher des Asphalts
dessen Adern die Stadt antreiben

der Fluss des Köllerbachs
verlangsamt im Nebel
im Fallen löst sich
aus der Anziehungskraft
alles Aufbegehren
alles Kämpfen

am Hexenturm
bricht Erde auf

Blättervögel fliegen leicht
über Stein und Stege
dass der Wind ihr letztes Gelb
einmal noch bewege

Wenn sie auch zu Grunde gehn
still klingt dieses Fallen
alles stirbt nun rings umher
und bleibt doch in uns allen

Spätherbst im Saarbrücker Forst

Die gelben Blätter sind erstarrt,
der Sturmwind bläst auf kalten Harfen
durch das Geäst der Eichen. An scharfen
gezackten Blätterresten verharrt

der Nebeltau. Ein Pelztier scharrt
im Unterholz der Lärchen. Sie warfen
die Nadeln ab, bedecken Larven
und geben Schutz vor dem Start

der Winterzeit. Im feuchten Dunst
erspäht ein Habicht Haselmäuse,
auf Suche nach dem Schlafgehäuse.

Er stürzt hinab mit Jägers Kunst
und fliegt die Beute in den Horst
des Habitats Saarbrücker Forst.

Zwischenzeiten

Ja ich weigere mich weigere mich
zu hoffen auf die Rückkehr
des Grüns in kalter Jahreszeit
ich begnüge mich mit Immergrünem

die Tanne schüttelt ihre Nadeln weiß
wenn es flockt das Wachstum
an den Zapfen stockt

Wintervögel meine liebsten Nachbarn
wissen um die Bedeutung des Restzustands
des Übriggebliebenen Ausharrenden Vergessenen

aus nichts besteht die Nahrung der Nestflüchter
als aus dem Treiben der Natur
aus sich selbst geschöpft das dunkle Keimen

bis ans Ende des Winters nährt das Klima
die Saat in den unteren Schichten der Erde
die Glut der Mitte wenn sie an die Kruste gedrungen
Höhle Nest und Nistplatz wärmt

dann hoffe ich hoffe ich wieder
auf die Rückkehr des Grüns
und den Aufgang der Keime

Im Licht der Zeit

Ich hab das Licht der Zeit ins Glas gestellt,
es blüht fortan Stunde um Stunde,
erhellt die Zeit bis zur letzten Sekunde,
wenn Abschied naht, der feste Vorhang fällt.

Doch sei nicht traurig über diese Wendung,
es scheint ein Licht am Ende dunkler Zeit.
Erlischt es vorher, war alles nur Verblendung
und all dein Werden wurde nie gescheit.

Erreichst du irgendwann einmal die Jahre,
die fest verwurzeln dich in Herbstes buntem Wald,
lösen sich Nebelflure auf ins Klare
und deiner Zeiten Welt gewinnt Gestalt.

Zwischen Wendezeiten

Oh kalte Zeit, du schneidest dich in Scheiben,
zerrinnst im Handumdrehn zu Licht und Schatten
und kenterst unbemerkt wie die Fregatten,
die zwischen Stürmen sich den Bug zerreiben.

Was hält dort Stand, wer kann da aufrecht bleiben,
wo alles modert derb wie abgeriss'ne Latten.
Kein Seestern gräbt sich ein in abgestand'ne Watten,
will dem Verderben frei sich einverleiben.

Der neue Tag zerstückelt den Kalender,
die abgelöste Zeit beginnt zu wachsen,
fügt Stund' um Stund' beisammen und behänder

strebt das Licht zu Wendezeiten-Achsen.
Es wärmt die Sonn' am Horizont das Auge,
dass diese Zeit zu neuem Aufbruch tauge.

Blätterschmelze

Der Herbst raunt seinen Fluch, der Wind bestürmt Gehölze.
Er sammelt unerbittlich den fälligen Tribut.
Wie zerrt und zurrt er im Gezweig ohn' Gnad'. Akut
das Feuer brennt im Todeskampf der Blätterschmelze.

Gesang aus Vogelmund verschied. Nur Hagestölze
der Zeit sich widersetzen. Sie harr'n und bibbern fort,
dem Kahlschlag frech zu trotzen. Doch der verlass'ne Ort
gebärdet sich nicht gastlich. Im kalten Schneegewälze

die Spuren sich verlieren. Blass in Mondes Silber
erstarren jene Träume die fantasiegeweckt,
den Stern zum Leuchten bringen, bis sie Kälte schreckt,

die Astwerk ohne Laub befällt. Die Schattenbilder
des Land's verlässt der Mensch. Ein Sperling friert und stirbt.
Der Boden Saatgut schützt, für neues Leben wirbt.

❧

Dunst trübt Morgenauges
Blick Krähenschreie kreisen
Wurmlöcher schließen

⇁

Dunsttücher
umnässen mein Haar
Kälteschleier befrieren mich

Bitterkraut des Herbstes

I
Beheimatet im Humus
lotst Licht mich ins Rotgold
Seelenlaub blättert ins Abendfeuer
flammenden Zugs

II
Zu den gewaltigen Gräbern
herbstet mich steinerner Tag
auf Windböen fliehend
abtragend den Zeitspat

III
Bitterkraut des Herbstes
blättert in mir
Risse purpurnen Himmels
wenn mit Augen du aufschlägst
Seelenseiten

IV
In aufgeschütteten Tagen
gräbt die Nachtschaufel
leert den Farbwechsel
schwärzt den Zeitsaum
zurück bleiben Lichtfetzen
Hoffnungstrümmer im kalten Eis

V
Geruch der Erde entströmt fließt
Schrunden bildet der wunde Grund
Herbstrauch nebelt mir ums Herz
Wärme verblutet

VI
Ein Schattenpfad dunkelt
mir vor den Augen
in des Lichtes Zwiespalt
fällt die Nachtgleiche
Wünsche zersplittern
Seelenholz lodert im Sterbeschoss

VII
Hier wo weder Weihrauch wirkt
noch grüne Rispen Blüten binden
bleiben Altäre leer
der Zeit vergorene Süße
bittert atemschwer
du weißt meine Zeit
dunkeltrunkener Hain
nennst den Schlaf besänftigend
der mich verzehrt

ഇരു

Melancholie

Nur die dunklen Tage
suchen nach Licht.
Sie beschweren uns
mit grauen Träumen,
verbannen die Zuversicht.
Schwarze Tiefe du, verzage!
Sollst nicht säumen
unserer Gedanken Pflicht!

Die Stunde des Siegers

Die Stunde des Siegers gehört dir nun ganz,
wo immer der Wind weht - ein Blättertanz.
Die Zeiten sich ändern, du hast keine Wahl.
Die Welt wechselt mit ihr wie Berge und Tal.

Im Feuer fühlst du nur Licht, es strahlt überall.
Gib Acht und verbrenn dich nicht beim Maskenball.
Folg weiter der Sternenzeit, sie bleibt niemals stehn;
für alles mach dich bereit, es wird weitergehn.

Im Herbst Blätter fallen, ein Farbenglanz.
Wie immer der Wind dreht, ein neuer Tanz.
Die Stunde des Siegers lässt dir keine Wahl.
Wo immer der Wind dreht, sind Berge und Tal.

Im Feuer fühlst du nur Licht, es strahlt überall.
Gib Acht und verbrenn dich nicht beim Maskenball.
Folg weiter der Sternenzeit, sie bleibt niemals stehn;
für alles mach dich bereit, die Welt wird sich drehn.

Die Stunde des Siegers gehört dir nun ganz,
wo immer der Wind weht, ein Blättertanz.

Deutscher Liedtext zur Melodie "Chariots Of Fire"von Vangelis. Der englische Titel Chariots of Fire (Streitwagen aus Feuer) stammt aus dem Gedicht „And did those feet in ancient time" von William Blake.

ℒᐤℛ

Wandlung

Morsches Holz zerbrach.
Fauliger Geruch
von zerfallendem Leben
tränkt die Luft.

Das Laub verharscht.
Brauner Saft
von abgefallenen Blättern
krönt des Waldes Gruft.

November
Zeit des Wandelns
Zeit des Sterbens

Feuchter Nebel gähnt.
Im Sumpf watet
unbarmherzig die Zeit,
zerstampft altes Leben.

Kahles Astwerk tränt.
Es tropft die Schwere
der Vergangenheit auf den Boden.
Aufkeimendes Streben.

November
Zeit des Wandelns
Zeit des Werdens

≈

Zaungast

Laue Luft windet Lianen um Bäume
an Strähnen die wie Peitschen
Schneisen schlagen
schnitt ich mir einst die Haut ein
als Pilgerin
suchte ich grünende Ölzweige
wandelte im leeren Gebüsch
nun brennt der Herbst die Farben aus
spinnt mir ein Blätterkleid
aus dem Morast der Jahre
sei mir Genoss
ruft ein Rotkehlchen
hofft noch auf einen Zaungast

Herbstnebel

In diesem Wolkendunst stirbt der Himmel.
Er schloss sein Fenster bereits am Morgen.
Ich irre in der Nebelwüste blind,
doch höre ich Töne des Sperlings.

Wir, die verblieben,
sinnen dem Laut der Geschichte.
Geduld währt uns die Spuren,
und ich torkele auf dem Weg,
der fortwährend den Zielpunkt verspricht.

Manchmal setze ich mich ins Randgestein,
samm'le Kiesel, grabe Wurzeln aus,
sauge den Stammgeruch auf.
Die Fährte ist lichtschwach.

Nebelreiter

Der volle Mond vergeht, die Erde dreht sich weiter,
am tiefen Horizont die weiße Scheibe flirrt
und Vögel fliegen auf, von Dämmerung verwirrt.

Aus feuchter Erde sprüht der frühe Nebelreiter
ein Netz aus Tropfenfäden von seinem Wolkentross,
verbindet Tal und Gipfel, frischt auf das Morgenschloss.

Der Sonne Lichtgebilde von gegenüber blitzt
und alles, was sich windet mit Wolkendunst und Grau,
mit nassen Händen kündet von Niesel, lauem Tau.

Von ihren roten Strahlen sich zaudernd leicht erhitzt
der blasse Tagesschimmer, der sich daran verdross.
Wo Dunkelheit entschwindet, ein blauer Tag entspross.

Nordwind

Schon spuckt die Nebelkehle
kalte Töne ins Land
trompetet die Schwanengans
dem Steinkauz entgegen

Tore fallen ins Schloss
in den Zinnen gefriert der Schnee

die Zacken der Forke im Frost
Eisenlieder blechern im Rost
über den Boden
an dem der Nordwind zaust

Ein Grad im Grau

So fröstelnd riecht's, regnerische Trübnis,
die das Dorf an die Wolken verschachert.
Kein Kamin vertreibt dies Grau,
das den Dachstuhl bleit.

Der Vogel in aufgedunsener Wiese pickt.
Die Saat nicht aufgeht,
die den Winter auslässt.

Kein Beginnen des Tags,
wenn er seine Blüte nicht öffnet,
wenn sein Duftgespinst Trauer trägt
und in den Köpfen Schwarzes siegt.

Nur die Regentropfen
danken den Tod.

Spätes Lächeln

Welch mildes Blau bestrahlt des Herbstes Neige
ein festliches Vergnügen sich zu wärmen
die Seele aufzufüllen in den Thermen
sich aufzurütteln laben an der Feige

der Liebe Frucht es spielt mit letzter Geige
das Hoffen und das Sehnen auszuschwärmen
aufzubrechen der Schmerz beginnt zu lärmen
dass Laub zerknittert am vergessnen Zweige

Das Lichtern bleibt umhaucht von Sonnentropfen
versprüht ihr spätes Lächeln Himmelstiefe
begrenzt die Trauerzonen Abschiedsbriefe

und stört den Wind beim Stürmen und beim Klopfen
wenn er mich schreckt wenn Zaudern mir entliefe
gelehnt an Licht zurecht gezurrt das Schiefe

Ach die frühen Nebel

emporgewoben vom See
und das trübliche Aug
nicht Schattenschemen
Flügelschlagen vor den
Umrissen entfernter Ufer

mir treibt die Dämmerung
ein kautziges Rufen ans Ohr
der Wind pfeift eine Seite
dem unkenntlichen Boot
auf dem das Leben in den Tag
schippert

mit langsamer Fahrt
unter dem Segel
des Morgengrauens

Nebel verzieht das Gesicht

putztüchtige Fäulnis
Klarheiten verändern sich

Tiefausläufer

Der Nebel des Morgens
ein undurchsichtiger Horizont
aus Wolkengrau
der Lichtkampf des Sonnenaufgangs
und das wilde Schlagen des Ozeans

Schritte aus dem Schatten
das Nieselnetz das uns befällt
wie schlechte Träume

ein Reizklima der Witterung
das uns über den Rücken fährt
wie das Tosen des Windes
rau stürmisch aufgebracht

der Tag versickert im Tief
wie Kaffee im Sprung der Tasse

Nachtfahrt

Geläuf des Jahres
böscht den Grat
auf der Höhe der Farben

ungehinderte Ströme
füllen sich mit Kiesel
löschen den Schutt
in der Senke der Zeit

talwärts
stürzen Wolken
in den Dunstkreis

wo uns die Nacht wuchs
vor dem Dämmern

wo der Kahn
im dunklen Fluss
Kreise zieht
für die verlorene Stunde

in der das Herz
im Verborgenen schlägt

☾

Gartenfrost

Dächer. Schwarze Majestäten wachen auf den Graten
wie einstmals Musketiere auf der herrschaftlichen Burg
den König schützten. Der Winter ist der Dramaturg
der Jahreszeit, beschlagnahmt die verlassenen Quartiere
mit Schneegestöber und Krähen werden Vogeloffiziere.

Leerstand. Rost im Garten nagt an abgestellten Spaten
wie kleine Vögel am Hungertuch der Winterkost.
In aufgetauten Beeren brennt die Sonne süßen Most.
Als Durstige sich auf den Fruchtsaft niederstürzen
der Wachdienst aufkräht, um das Besäufnis zu verkürzen.

Aufflug. Winkeladvokaten schwingen ihre Flügel,
trunkene Artgenossen lassen ab vom Henkelbecher.
Nebelkrähen schwirren aus wie königliche Häscher,
dass selbst die Gartenmäuse im Kompost verschwinden
und Eichhörnchen sich ducken in kahlen Astgewinden.

Ruhe. Die Aufgescheuchten retten sich vor angedrohter Prügel
in Verstecken. Wolken ziehen sich verschreckt zusammen.
Galgenvögel schwadronieren, verpfeifen sich in Telegrammen,
dieweil ein Regenschauer alle Grabenkämpfe unterbricht.
Ermüdet schließt der Himmel seine Augen, löscht das Licht.

Spätherbst im Köllertal

November. In den Kältenebeln spinnt der Frost
Silberfäden, die sich an Astgerippen binden,
an kahle Sträucher, in welchen keine Heimat mehr finden
Vögel. Und Äste, die wie Soprane klingen
wenn unterm Eisgewicht sie wie Ballettfiguren schwingen.
Blechern scheppern Eisentore auf im morschen Rost.

Dämmerschein. Der kurze Tag errötet im Untergang,
ein stiller Mond, der am Sternenhimmel zieht,
ein Wanderer verirrt durch das Dunkel flieht,
sich in Decken hüllt, an Straßenecken friert,
eine Frau das Haus noch mit Lichterketten ziert,
müde Katzen schlüpfen durch den Unterfang.

Mitternacht. Die Türmer gibt es lange schon nicht mehr,
Glocken rufen Gläubige zum Gebet der Stunde,
Fromme kommen, vereinen sich mit Gott zum Bunde.
Autofahrer früh an Ampeln stehen, warten,
Schwarzwild, das abzieht aus des Nachbarn Garten,
aus dem kleine Vogeltrupps aufsteigen zum Heer.

Ein Leuchten. Die Sonne spiegelt sich im Glas
der Straßenglätte, frümorgens Tümpel und Teich zufror,
ein aufgeschrecktes Reh, das sein Rudel nachts verlor,
durch die Straßen irrt hinab zum Köllerbach,
hin zu den Wasserbüffeln in die Auen, welche flach
auslaufen, staksen andere Rehe durch erstarrtes Gras.

Ein Singen. Laudes. Die Martinskirche jubiliert
voll Andacht in der Frühe. Im Pfarrer-Rug-Park
ein Steinstuhl Käfer vor dem Nachtfrost barg
und ach, die Zeder richtet die Zapfen nach der Sonnenuhr,
welche, aufgehalten vom Erdenkreis, eilt in altem Schwur,
während die Zeit verlangsamt durch die Dämmrung promeniert.

Inhaltsverzeichnis

Quellenangaben

Die Gedichte sind folgenden Schriften und Büchern entnommen:

Windblumen. Gedichte. Saarbrücken-Altenkessel 1985.
Novembrisches Bittersüß. Gedichte. Saarbrücken-A1tenkessel
1986.

So leicht stirbt der Regen. Neunziger Gegenwartslyrik. Edition
Calamus. Saarbrücken-A1tenkessel. Sonderdruck 1999.

Lichtflut. Reisenotizen. Lyrik und Prosa. Edition Calamus. Nor-
derstedt 2001. ISBN 3-8311-1493-5

Eine Neigung aus Blau. Gegenwartslyrik. Edition Calamus. Nor-
derstedt 2002. ISBN 3.8311-3334-4.

Bist Himmel mir und tausend Feuerfunken. Gedichte. Mauer
Verlag. Rottenburg a/N. 2003. ISBN 3-937008-46-2.

Verwirbelungen der Zeit. Lyrik mit Bildern von Carolin Isele.
WiKu Éditions Paris E.U.R.L. Paris und WiKu Verlag KG Berlin
2005. ISBN 3-86553-203-9.

Es kommen andere Ewigkeiten. Gedichte. WiKu Édition Paris
ISBN 2-84976018-8 WiKu Verlag 2007. ISBN 978-3-86553-
189-6.

Himmelsstürme. Gedichte mit Fotografien. edition Wort Verlag
Bitburg 2010. ISBN 978-3-936554-00-3.

Das Jahr: Dichtung in vier Sätzen. Gedichte mit Fotografien.
Edition Calamus. BoD Books on Demand. Norderstedt 2013.
ISBN 978-3-7322-3168-3.

In der Saar schwimmen keine Krokodile. Gegenwartslyrik &
Texte. Verlag BoD Books on Demand. Norderstedt 2015. ISBN
9783738635676

Aus meinem Federkiel. Magische Momente. Natur & Seele.
Gedichte. Vera Hewener. Verlag BoD Books on Demand. Nor-
derstedt 2017. ISBN 9783744870511.

Kinder, Hund, Familienbund. Lustiges, Tierisches und Allzumenschliches in Lyrik und Prosa. Vera Hewener. Verlag BOD Books on Demand. Norderstedt 2018. ISBN 9783746056821

Quellenangaben Sachtexte

www.dwd.de - Deutscher Wetterdienst

www.heiligenlexikon.de

www.kathpedia.de

www.wikipedia

http://www.br.de/themen/ratgeber/inhalt/garten/phaenologischer-kalenderfruehherbst100.html http://de.
www.wikipedia.org/wiki/Ph%C3%A4no12

http://www.gu.de/media/media/39/38010847277409/erklaerung_der_ phaenologischen_jahreszeiten.pdf

www.jagdschule-Rheinhessen.de

www.jagdverband.de

Der Ornithologische Beobachter. Monatsberichte für Vogelkunde und Vogelschutz. Hrsg. Carl Daut, Bern. Neukomm & Zimmermann Bern, Schweiz. III. Jahrgang 1904. Haft 3, Seite 46)

Fritz Schnelle: Pflanzenphänologie. Akademische Verlagsgesellschaft, Leipzig 1955.

Phänologische Meldewerte (Mittelwerte) vom Deutschen Wetterdienst www.dwd.de, abgerufen am 23.07.2018

Bücher von Vera Hewener

Vermisstenanzeige. Gewidmet den ermordeten Juden des Naziregimes. Lyrik und Prosa. Vera Hewener. Libri BoD. Norderstedt 2000. ISBN 3-8311-0748-3. 2. erw. Auflage 2014. ISBN 978-3831107483.

Lichtflut. Reisenotizen. Lyrik und Prosa. Vera Hewener. Edition Calamus. Norderstedt 2001. ISBN 3-8311-1493-5. 2. erw. Auflage 2014. ISBN 987-3831114931.

Eine Neigung aus Blau. Gegenwartslyrik. Vera Hewener. Norderstedt 2002. ISBN 3.8311-3334-4. 2. Auflage 2014. ISBN 9783831133345

Bist Himmel mir und tausend Feuerfunken. Gedichte. Vera Hewener. Mauer Verlag. Rottenburg a/N. 2003. ISBN 3-937008-46-2.

Verwirbelungen der Zeit. Vera Hewener. Lyrik mit Bildern von Carolin Isele. WiKu Éditions Paris E.U.R.L. Paris und WiKu Verlag KG Berlin 2005. ISBN 3-86553-203-9.

Es kommen andere Ewigkeiten. Gedichte. Vera Hewener. WiKu Édition Paris ISBN 2-84976-0188 WiKu Verlag 2007. ISBN 978-3-86553-189-6.

Himmelsstürme. Vera Hewener. Gedichte mit Fotografien. edition Wort Verlag Bitburg 2010. ISBN 978-3-936554-00-3.

Das Jahr: Dichtung in vier Sätzen. Vera Hewener. Gedichte mit Fotografien. BoD Books on Demand Norderstedt 2013. ISBN 978-3-7322-3168-3.

Zaubervolle Winterwelt. Gedichte, Geschichten, Notizen. Vera Hewener. Verlag BoD Books on Demand. Norderstedt 2014. ISBN 9783735761262.

Frühlingsserenade. Die schönsten Gedichte, Geschichten und Notizen zur Frühlingszeit. Vera Hewener. Verlag BoD Books on Demand. Norderstedt 2015. ISBN 978-37347-3140-2.

Die Blüte des Sommers. Sommeranthologie. Die schönsten Gedichte, Geschichten und Kalendernotizen. Vera Hewener. Verlag BoD Books on Demand. Norderstedt 2015. ISBN 978-3-7347-89540.

In der Saar schwimmen keine Krokodile. Gegenwartslyrik & Texte. Vera Hewener. Verlag BoD Books on Demand. Norderstedt 2015. ISBN 9783738635676

Von Lorraine nach Aquitaine. Reisenotizen in Lyrik und Prosa. Vera Hewener. Verlag BoD Books on Demand. Norderstedt 2016. ISBN 9783741210860.

Du trocknest meine Tränen wieder. Religiöse Lyrik & Texte. Vera Hewener. Verlag BoD Books on Demand. Norderstedt 2016. ISBN 9783743113589.

Zaubervolle Jahreszeiten. Der Frühling. Vera Hewener. Verlag BoD Books on Demand. Norderstedt 2017. ISBN 9783743125117.

Aus meinem Federkiel. Magische Momente. Natur & Seele. Gedichte. Vera Hewener. Verlag BoD Books on Demand. Norderstedt 2017. ISBN 9783744870511.

Zaubervolle Jahreszeiten. Der Sommer. Vera Hewener. Verlag BoD Books on Demand. Norderstedt 2017. ISBN 9783744870993.

„Kerzen, Wunder, Himmels-Zunder". Vera Hewener. Lustige und besinnliche Geschichten und Gedichte zur Advents- und Weihnachtszeit. Verlag BOD Books on Demand. Norderstedt 2017. ISBN 9783744893824. 2. erweiterte Ausgabe 2018.

Die Jahreszeiten: Auslese. Gedichte. Vera Hewener. Verlag BOD Books on Demand. Norderstedt 2018. ISBN 9783738636017

Werkausgabe Band I. Frühe Gedichte 1970-1999. Verlag BOD Books on Demand. Norderstedt 2018. ISBN-13: 9783746025292

Kinder, Hund, Familienbund. Lustiges, Tierisches und Allzumenschliches in Lyrik und Prosa. Vera Hewener. Verlag BOD Books on Demand. Norderstedt 2018. ISBN 9783746056821